多模态话语分析理论
在英语教学中的应用

丰海利 ◎ 著

吉林出版集团股份有限公司

图书在版编目（CIP）数据

多模态话语分析理论在英语教学中的应用 / 丰海利著． — 长春：吉林出版集团股份有限公司，2021.9
ISBN 978-7-5731-0452-6

Ⅰ．①多… Ⅱ．①丰… Ⅲ．①话语语言学—应用—英语—教学研究 Ⅳ．① H319.3

中国版本图书馆CIP数据核字（2021）第192276号

多模态话语分析理论在英语教学中的应用

著　　者	丰海利
责任编辑	陈瑞瑞
封面设计	林　吉
开　　本	787mm×1092mm　　1/16
字　　数	220 千
印　　张	10.25
版　　次	2021 年 11 月第 1 版
印　　次	2021 年 11 月第 1 次印刷
出版发行	吉林出版集团股份有限公司
电　　话	总编办：010-63109269
	发行部：010-63109269
印　　刷	北京宝莲鸿图科技有限公司

ISBN 978-7-5731-0452-6　　　　　　　　　　定价：96.00 元

版权所有　　侵权必究

前　言

时代的发展和进步，要求教学模式也要与时俱进。对于英语教学来说，传统的教学模式由于方式单一、内容枯燥，因而其教学效果难以达到预期目标。如今，英语能力已成为评价学生综合素质的重要指标。为进一步提升英语教学质量，相关教育者对此展开了大量理论研究和实践探索。其中，多模态话语分析理论在英语教学中的应用成为大家关注的焦点。多模态话语分析理论在英语教学中的应用和发展，对提升英语教学水平具有重要的作用。

张德禄认为，"多模态话语分析指运用听觉、视觉、触觉等多种感觉，通过语言、图像、声音、动作等多种手段和符号资源进行交际的现象。"教师在课堂上使用PPT进行辅助教学，就属于常见的多模态教学，因为PPT包含图片、动画、声音等模态类型，能调动学生的视觉和听觉；而且，教师在讲解PPT的过程中，还会调动触觉。多模态话语分析理论的提出，顺应了社会发展的需要。对于牛津版初中英语教学而言，该理论的应用能够优化教学环境，营造良好的课堂氛围。所以，很多英语教师非常重视应用多模态话语分析理论，从而更好地满足学生的学习需求，提升教学效果和教学质量。

运用多模态教学的优势和作用：其一，能够弥补单模态教学的不足。某一种模态的使用可以弥补另一种模态意义表达的不足，如语言表述不尽意时可以通过肢体语言来补充，在图画教学中可以添加与语境相关的书面话语等。其二，能强化课堂教学内容。可以用另一种模态突出部分意义，如口语加重音、书写加黑体或下划线、理论性强的授课部分用PPT画面等。其三，能吸引学生的注意力。运用语言艺术、简笔画艺术或动作等表达意义，可以吸引学生的注意力。其四，能抒发情感。一种模态无法充分抒发应有的情感时，可运用另一种模态进行强化，如用照片再现场景、用恰当的语调和语气渲染课堂气氛等。其五，能加深学生对教学材料地理解。

综上所述，在英语教学中有效运用多模态话语分析理论具有重要的现实意义。多模态话语分析理论作为一种全新的教学模式，不仅有助于丰富教学手段，增强师生互动，还能够切实提升教学质量和效果，从而促进教学目标的实现。因此教师必须正确认识英语多模态教学的重要性，充分发挥该教学模式的优势和作用。教师要综合运用各种教学方法，丰富教学手段、课程内容和教学资源，提升学生的英语听说读写能力，并帮助学生树立多元化的英语语言学习和应用意识。

目 录

第一章　多模态话语分析 ·· 1

　　第一节　多模态话语分析概述 ·· 1

　　第二节　多模态话语分析应用 ·· 9

　　第三节　国内外多模态话语分析 ·· 12

　　第四节　多模态话语的文化语境 ·· 14

　　第五节　认知语言学与多模态话语分析 ·· 22

　　第六节　多模态话语分析理论模型 ··· 29

第二章　英语教学的理论基础 ··· 40

　　第一节　英语语言教学的理论基础 ··· 40

　　第二节　英语教学法的理论基础 ·· 48

　　第三节　英语教学的基本原则 ·· 58

第三章　英语教学的内容 ··· 68

　　第一节　英语教学的结构 ··· 68

　　第二节　英语教学的特点和要求 ·· 73

　　第三节　英语课堂类型 ·· 78

　　第四节　英语教学的构成要素 ·· 82

　　第五节　英语课堂评估策略 ··· 85

第四章　多模态话语分析在英语教学中的理论研究 ···································· 90

　　第一节　多模态话语理论与英语听力教学 ·· 90

　　第二节　多模态话语理论与英语词汇学教学 ··· 94

　　第三节　多模态话语理论与英语写作教学 ·· 98

　　第四节　多模态话语理论与英语阅读教学 ·· 102

　　第五节　多模态话语理论与英语语法教学 ·· 104

第五章　多模态话语分析与英语教学的融合 …………………………………… 111

第一节　外语微课多模态话语分析 ……………………………………………111
第二节　课堂教学多模态话语的模态配合 ……………………………………115
第三节　国内多模态话语分析理论与英语教学 ………………………………119
第四节　英语教师多模态课堂话语能力 ………………………………………125
第五节　多模态话语理论与商务英语教学 ……………………………………130

第六章　多模态话语分析在英语教学中的应用研究 ……………………………135

第一节　多模态话语分析在旅游英语听说课程的应用 ………………………135
第二节　多模态话语分析在英语翻转课堂中的应用 …………………………138
第三节　多模态话语分析在大学英语教材中的应用 …………………………140
第四节　多模态话语分析在大学英语课堂上的应用 …………………………144
第五节　多模态话语分析在 MOOCs 英语课程中的应用 ……………………146
第六节　多模态话语理论在口译教学中的应用 ………………………………149

参考文献 ……………………………………………………………………………… 154

第一章 多模态话语分析

第一节 多模态话语分析概述

多模态话语视角当中,认为话语分析不能仅仅停留在语言的阶层,还要对其他的符号资源进行考虑,进而在这个过程中话语分析提成了新的理论以及实践的要求。本节笔者主要对多模态以及多模态话语进行分析,进而延伸到多模态话语流派与发展之中,由此分析在现代社会发展中多模态话语分析的发展前景以及面对的挑战。

多模态话语在社会以及时代的发展中与其他的符号资源是处于共存的状态,并且在这个状态之中共同构建意义。在人们进行具体的生活情景的构建时,多是应用多种符号资源完成。在一些多模态话语研究学家的潜在意识中认为,多模态指的是语篇中所使用的多种符号资源,这些资源包括有口语、笔语、图像、空间以及其他用来构成语篇的符号。以此为基础出发对多模态话语分析流派以及发展现状、多模态话语分析的前景以及挑战进行简单地剖析。

人与人之间的交流方式除了语言外,还有动作、表情、神态等,多个模态构成的意义符号对强化话语感染力有重要作用。英语教学中师生之间互动交流的有效性直接影响到实际教学成果。随着新媒体技术在教育领域的普及应用,师生之间的交流已经不仅限于文字或语言形式,而由图像、视频、声音等多种符号承载的信息交流越来越多。在英语教学中应用多模态话语分析理论对提高教学质量、培养多元识读思维人才有重要作用。探究英语教学中多模态话语分析的发展与应用对推进我国英语教学改革,实现英语教育的现代化、国际化具有一定的现实意义。

一、多模态话语分析

多模态话语分析是指在对语言、表情、神态、动作等多种表达方式组成的语言进行分析时,所采用的是由两个或多个模态组成的意义表达方法。多模态语言分析理论的研究始于 20 世纪 90 年代中期,基于社会符号学理论,融合了多模态认知方法和联动式互动分析,近年来在语言教学及学术研究领域得到了广泛应用。

当前比较权威的观点认为,多模态中语言表达元素包括声音、色彩、图像、技术等符号系统，颠覆了传统观念下的语言符号内容。基于此，多模态话语分析方法得以形成。信息化时代下语言意义的表达方式趋于多样化，文字、图像、声音、视频、肢体动作、神态表情等元素都可以作为语言的载体。语言背景的多模态化决定了语言分析方法必须要与时俱进，早期单一模块的话语分析已经难以满足人们对新媒体时代下语言意义的阐释和理解需求。多媒体话语分析应运而生，并逐渐将话语分析的框架在原来的语言信息基础上扩展至非语言信息范围。

国内学者对多模态话语分析理论的研究主要表现如下：顾曰国将多模态话语分析定义为人们通过多种感官进行语言信息交流和互动的方式。张德禄认为在人的互动交流过程中，语言意义的表达多体现在非语言因素方面，例如人的动作、表情、神态等。配合语言发生的这些因素对语言意义具有更高形象的阐述作用。朱永生将多模态话语分析定义为同时包含两个或多个信息符号系统或模态的话语交流。

多模态话语分析强调对多模态资源地充分挖掘和利用，涉及多个不同语境，在视频以及交互式数字媒体等动态媒体中的适用性较高。

二、多模态话语分析的特点和优势

（一）丰富教学形式

一方面，多模态话语分析为英语教学提供了更加丰富多样的教学形式。在多媒体技术的支持下，教师可以基于多模态教学理论，多样化选择图像、视频、音频、表格等多种模态，与传统的语言、动作模态相结合，以图文并茂、生动形象的形式完成教学任务。相对于单纯的知识讲解，基于图像、声音、视频创设的立体化教学情境更具感染力。另一方面，英语作为互动交流的一门工具性学科，在教学中讲究对知识的灵活应用，强调学生之间的交流练习。多模态话语分析能够为学生提供多样化的交流通道，借助现代多媒体手段完成学习目标。

（二）创设教学语境

英语是一门实用性较强的学科，在特定的语言情境中进行语法及词汇的练习十分重要，因此在英语课堂练习中提高语境的真实性和形象感有助于学生在实际交流中达到练习英语的目的。传统教学环境下语境的设计通常依托简单的肢体动作或旁白，渲染情景氛围。在多媒体技术的支持下，借助现代化教学设备，教师可以在语境创设中融入图像、视频、音频等多种话语模态，让教学语境更接近现实，有助于学生身临其境，深刻理解词汇、语法、时态等英语要素在特定环境中的适用性，这对提高学生的语言应用能力具有显著的作用。

（三）充实教学内容

利用多模态话语分析进行英语教学设计能够提高课堂趣味性，充实教学内容。语言类课程学习最好的方法就是在交流中、应用中开展教学。多模态话语分析可以借助多种模态在教学内容中融入视频片段、漫画故事、电影等，一方面可以增强教学趣味性，提高学生的课堂参与度；另一方面有助于融入更多的课外知识，拓宽学生的知识面。例如，在教学中可以加入不同地域的历史文化、地理特色、宗教信仰等内容，通过多模态生动形象地展现在学生面前，帮助学生理解英语的本土特色和应用特点，能够大大提高学习效率，帮助学生在短时间内掌握课堂知识。

（四）增强文化内涵

了解英语本土的文化背景、地理特色、风俗习惯等对增强学生对知识的理解力以及拓宽学生视野有重要的作用。在英语教学中开展应用多模态话语分析能够通过视频形象地展现英语的文化背景、衍变进程等，从而提高课堂教学的文化内涵，培养学生的英语文化素养。此外，在新媒体教学环境下，教师和学生接触到的教学资源信息庞大而杂乱，利用多模态对这些资源信息进行分析、整合，挖掘其中的文化价值并应用到教学当中，在这个过程中可以鼓励学生自主探索英语赖以生存的文化背景，培养学生的文化探求意识。

三、多模态话语交际

多模态话语交际是指各种符号体系整合在一起的交际模式。它和语言交际一样会涉及交际双方所处的社会文化环境、交际发生时的具体情境、交际双方的认知背景和认知方式、交际双方的心理词库等相关因素。具体交际过程也会涉及信号的形成、信号的传送、信号的理解3个最基本过程。其中，信号的形成主要有说话人完成，信号的传送主要由物理媒介来完成，信号的理解主要由听话人来完成，但是和纯语言交际有一定差异性。

第一，信号的形成过程不一样。信号的形成是一个由概念转化为逻辑媒介、逻辑媒介转换为物理媒介的过程。在语言交际过程中，根据 Leech 的交际模式，概念形成后就直接转换成语言符号。在多模态话语交际过程中，概念形成后，要经历一个逻辑媒介的选择过程，即交际内容形成后，说话人会根据当时的情境和交际内容选择一种或者几种合适的交际模式，然后在再按照这些模式的运作规律，将概念转换为可感知的信号。

第二，信号的传输方式不一样。语言交际过程中，语言符号主要通过声波或光波传送到听话人的耳朵或眼睛，耳朵或眼睛接收到信号之后，再由中枢神经系统将感知到的信号转换为概念。而在多模态话语交际过程中，所有的感官系统都可以是信号的接收器，所有能够传送信号的物质都是媒介。例如，通过握手人们可以传递友好的信息，握手的力度可以传递出友好程度的信息，当交际双方通过手感受到对方握手的力度之后会形成一个友好程度的概念。有时候，通过握手可能比用语言表示友好获得更好的交际效果。而这个信息的传送方式和语言交际的信息传送方式是完全不一样的，前者主要通过触觉完成，后者主要通过听觉完成。

第三，信号的理解过程不一样。信号的理解是通过中枢神经系统将信号换成概念、再通过推理将概念转换为会话含义的过程。概念是外部世界在人脑中的语言表征，或者说语言符号在大脑中的心理表征。在语言交际过程中，大脑中枢神经系统接收到信号刺激之后，可以直接把语言转换成概念，在概念的基础上，结合其他各种因素进行推理，形成理解。而在其他非语言的交际过程中，大脑中枢神经系统接收到信号刺激之后，要通过语言系统才能够转换成概念。例如，通过握手可以形成"我们是好朋友"的概念，通过听到语言符号"我们是好朋友"也可以形成"我们是好朋友"的概念。然而通过握手，大脑需要将握手这个动作的刺激转换成脑海中的语言表征，再通过语言表征形成心理表征。而通过语言符号表征则可以直接转换为心理表征。

第四，语言交际是多模态话语交际重要组成部分，多模态交际过程中往往会镶嵌语言的元素。概念转换为逻辑媒介是一个选择过程，也是一个心理过程；而逻辑媒介向物理媒介的转换则是一个生理过程。概念形成后，可以选用语言表达，也可以选用非语言的方式表达，选择语言表达，往往需要激活心理词库，选用非语言的表达方式则需要激活心理符库。心理符库在多模态交际过程中发挥着一个水库的作用。表达时从中提出符号资源形成信号；理解时通过它形成概念，构成推理的基础，同时把推理获得的新概念储存起来为新的交际过程提供基础。

四、多模态以及多模态话语分析的关系

人们进行具体的生活情景的构建，多是应用多种符号资源完成。在一些多模态话语研究学家的潜在意识中认为，多模态指的是语篇中所使用的多种符号资源，这些资源包括有口语、笔语、图像、空间以及其他用来构成语篇的符号。还有一些学家根据社会语言学的角度发现，多模态指的是交际行为当中采用的多种形式，比如语言、色彩、味道等等。我国著名的社会语言研究学家顾曰国受到人机互动的过程的启发，对以上的观点表示支持，但他对多模态的描述如下：人类与外界形成互动的主要因素是感官，单一的感官可以称之为单模态，多个感官组成的就是多模态。综合以上研究学家对多模态解析来看，人身体所具有的感官结合传统的习惯形式，大概可以将多模态分为以下几种方面：口语、画图、音乐、嗅觉、触觉、味觉等等。

在 Jscobson 的观点之中，语言学是对语言信息的交际进行研究，符号学能对任何信息交际进行研究，并且在社会人类学与经济学研究交际当中，还包括有信息的交际，Jscobson 以上的观点对于其他研究学家界定多模态以及多模态的话语分析会产生一定的启发。传统的话语分析过于关注单一的语言信息，而多模态话语分析从本质上突破这一局限性，转向更为开阔的发展方向，将语言信息以及非语言话语信息交际纳入分析的框架之中。与此同时，对于多模态话语分析正处于发展的阶段，最终多模态话语的发展趋势是将人类社会学与经济学概念上的交际进行详细的分析。从这方面来看，话语分析已经发展为潜在的术语，但是现阶段中真正的术语是交际分析。所以，在现阶段当中研究学家以及学者经常所描述的多模态态话语分析实质上是多模态交际分析。

五、多模态话语分析流派与发展

多模态话语分析兴起时间大概为 20 世纪 90 年代,其发展至今展现出蓬勃的生命力,也展示除了学科不可忽略的生命力。交际技术的发展推动传统模式下的单模态转化为多模态,并渐渐成为当今的主流,与此同时,在多模态话语的发展中对话语的分析,逐渐提出新的理论以及实践要求。实际上,对于一些多模态的研究主要是由于对某一种语言学理论的加以应用以及延伸,比如系统功能语言学。这些领域为语言提供除此之外的意义构建资源的模式,在这之中语言与其他的符号在地位上是对等的,都是对意义进行构建。因此,国际上一部分研究多模态话语的学家在进行具体的研究时,会带有极大的折中注意思想。当前国际上对较为活跃的多模态话语学派进行分析,大概有:社会符号学流派、交互社会学流派、认知流派。

(一)社会符号学的分析方法

对社会符号学方法进行应用的流派代表为 O'Toole 与 Kress。这两个学派在进行研究时受到 Halliday 社会符号学理论的影响,也可以说他们是对 Halliday 功能语言学的继承与发展,并在此基础上增加对社会符号学的理念。Halliday 系统功能语法是实现对英语语言的分析应用,其中所表达出来的观念是语言是社会符号,其元功能主要为以下三点:第一,表现客观世界与内心世界的概念功能;第二,体现语言使用者的交际参与程度以及交际过程中角色关系功能;第三,组织成语篇的语篇功能。从现阶段多模态形式下的社会符号学领域分析,主要分为以下两个阶段:第一阶段,不同的学者对于特定符号代码的侧重不同的系统功能分析;第二阶段,专业学者们注重对一套适应社会所有符号方法的构建分析。以上两个阶段才是真正的社会符号学当中的多模态话语分析。

(二)交互社会语言学的分析方法

在交互社会语言学当中,最为关注的应该是人们在实际交往中如何应用不同的方式通过话语的结构建立人们所处的情景以及在该情景之中的身份。人们在实际社会交往过程中,参与者在其中通常是同时进行几件不同的事情,只有在极少数的状况之中,参与者才能将注意力集中在单独的一件事情之上。对此,在话语分析当中需要采用的是多焦点的视角分析,同时需要打破语言学所带来的枷锁,从中找到新的角度去看待社会交互,并在研究当中采用多模态话语分析方法。Scollon 对于介入话语分析理论认为其建立在交互社会语言学的基础之上,并且还将语言看作是社会行为,是在社会当中的介入行为而不是语篇。在发展中 Norris 对其理论进行发展,进而建立了多模态话语分析模式。

(三)认知科学的分析方法

Forceville 认为对于多模态话语的分析是需要自上而下的理论进行概念性地指导,进而在发展中,为掌握认知科学的分析法,相关学家首先提出,人类掌握的超越话语的内化模式有关联理论、心理表征，等等。Forceville对此进行研究时，对关联理论以及理想认知模式进行有效地结合，并由此提出了图像隐喻理论。在图像隐喻的发展中将隐喻分为四个部分，分别是：语境隐喻、混合隐喻、明隐喻以及整合隐喻。

在发展中整合隐喻也被称为言语隐喻或者是图像隐喻，其中是从隐喻的角度对语言以及图像进行实质的分析，也可以说源与目标是如何在一种模式上进行表征。同样在认知领域当中Holsanova在进行认知科学的分析方法研究时，更为关注的是人类对于多模态的实现与网络新闻媒介的互动是如何实现的。在这个问题基础上加强对网络新闻多模态话语的研究，尤其是读者如何看待不同模式之间所产生的相互影响和作用，进而如何去收集信息、如何去整合信息等等。

综上所述，我们所生活的社会又可以称之为多模态社会。其中对意义的构建愈发依赖于对各种符号资源的整合应用，并在其中对多模态话语的发展之中对领域提出新的要求。传统模式上的研究注重的是单一模态学科，例如语言学，在转化为多模态学科时就需要同其他的领域展开交流，促使满足多模态跨学科的具体要求。多模态话语作为现代所展现出来的新兴学科，不仅对不同学科发展趋势做出整合，还对研究领域当中的传统理念提出改变。这门新兴学科的出现，标志着科学领域当中，特别是话语分析领域在现阶段社会中的发展趋势。

六、多模态话语模态协同性

在信息高速发展的时代，人们的交际方式发生了翻天覆地的变化。交际方式不再是以单一的语言为主，而是由多种模态相互配合完成交际。图片、文字、音乐、视频、表情、手势等参与交际，呈现多模态话语交际模式。在多模态话语模态中，一般以听觉模态为主，视觉模态和触觉模态为补充和配合。目前国内对多模态的研究逐渐进入一个全新阶段，国内学者的研究对象从单一的文本、图像等转向以动态视频为研究对象。基于张德禄的多模态话语分析理论，从文化语境、情景语境和模态协同性分析两个不同的演讲视频，探究两种不同的视频在听觉模态、视觉模态和触觉模态上是如何相互配合，实现演讲的完美效果。

（一）多模态话语模态的协同性

相对于国内，国外对多模态话语模态的研究起步早、范围广、影响大。学者们在Halliday的系统功能语法的基础上提出了不同的观点。Royce（1998）提出了符号间的互补框架，他认为符号间的互补框架是不同的符号系统可以形成整体含义。多模态话语模态可以分为语言分析、视觉分析和符号系统三个部分。Matinenc & Salway在Halliday的系统功能语法的基础上研究了小句复合体，并根据小句复合体的分析方法对文本和图像之间的关系进行探究。O'Halloran提出了符号隐喻的概念，在符号隐喻中，重构功能和语法类别发生了很大的变化。Lim研究了多模态话语模态中大量的语言和图片符号资源等。陈瑜敏、王红阳对文本和图像之间的关系进行了更深层面的研究，分析了我国教材上的图像和文本之间的关系，并对此进行了解释。杨信彰认为文本和图像是一种相互依存的逻辑语义关系。张德禄在系统功能语法的基础上首先提出了多模态的综合理论框架，他认为协同作用有两大类：一类是互补性的，另一类是非互补性的。他基于多模态话语模态分析理论，研究了外语课堂和天气预报中的多模态话语模态间的协同性。

（二）演讲视频的多模态话语分析

1. 文化语境

TED 演讲视频的文化语境分析。马林诺夫斯基最早提出文化语境的概念。文化语境是影响交际的关键因素，是多模态交际的重要方面。它受意识形态、文化传统、思维习惯、民族习俗等影响，在一定程度上决定人们的交际目的。文化语境具体到不同的演讲视频中，呈现出演讲人不同的意识形态。TED 演讲作为美国经典演讲节目，深受观众的喜爱，它的主题内容多种多样，演讲人也是来自各行各业的顶尖人物。本节从两方面分析 TED 演讲视频中的文化语境。

首先从意识形态分析。TED 演讲人都是不同领域的成功人士，如科学家、哲学家、艺术家、心理学家、人类学家和语言学家等。他们的社会角色和社会责任是把握好自己的事业，推动社会的进步和时代的发展；他们有着崇高的社会地位，同时也承担着更多的责任。在我们选择的 TED 视频中，演讲人是 Rober Waldinger。他是一位精神病学家和精神分析学家，哈佛大学成人发展研究的第四位主任。Rober Waldinger 的社会角色和社会责任在某种程度上推动了科学发展，为观众树立了优秀的榜样。

其次从文化语境下的体裁结构分析。TED 演讲视频利用听觉模态、视觉模态和触觉模态的协同发展达到说服观众的目的。文化语境下，TED 演讲的体裁结构有五个阶段：一是开始阶段。Rober Waldinger 教授向观众问好开始演讲。二是主题阶段。Rober Waldinger 教授以提问的方式开始这次演讲：What makes a good life? 引起观众深思，认真地思考问题的答案。三是高潮阶段：Rober Waldinger 教授讲述自己的观点：使人们感到快乐和健康的真正原因是什么？他以哈佛大学的成人发展研究例子来论证。四是过渡阶段：以 PPT 上的图片向观众展示获得幸福的真正方法，从他们长达 75 年的研究中得出结论。五是结尾阶段：Rober Waldinger 教授总结自己的观点，分享正确的观点给观众，并以手势示意演讲结束。该 TED 演讲视频时长为 12 分钟 48 秒，Rober Waldinger 教授以幽默诙谐的方式、声情并茂的演讲，针对 What makes a good life 这个具体问题，发表自己独到的观点，并以长达 75 年的追踪调查为例子，使其更具有说服力，这样的演讲有着强烈的感染力和影响力。

《我是演说家》演讲视频的文化语境分析。《我是演说家》是北京卫视的演讲节目，其主题是为新时代发声。演讲人可自愿报名参加《我是演说家》的演讲，分享各自的经历，论证自己的观点。该节目以比赛的形式进行，每次都会邀请来自平凡岗位的普通人，如交警、教师、警察、消防员、医生等参加比赛。在本节选取的这期演讲视频中，演讲人分别是法医、消防员和警察。在文化语境下分析《我是演说家》的意识形态发现，其传输的是在平凡的岗位上无私奉献、尽职尽责、做出平凡人的努力的精神。《我是演说家》利用了听觉模态、视觉模态和触觉模态的协同性，达到预期的演讲效果，它的体裁结构有五个阶段，具体如下：

开始阶段：每位演讲人上台，主持人介绍演讲人的基本信息。

主题阶段：演讲人以讲故事的方式开始这次演讲。

高潮阶段：演讲人讲述自己的故事，和观众分享自己的亲身经历，阐述自己的观点。

过渡阶段：演讲人向观众展示平时执行的任务，介绍自己的职责。

结尾阶段：演讲人以手势示意完成这次演讲。

《我是演说家》视频时长约为 1 个小时左右，一期节目约有 3—5 个演讲人分享自己的人生故事，每个人都有 15 分钟的演讲时间。它是一场鼓舞人心的演讲比赛，传递了演讲人身上的正能量。

在文化语境下分析发现，两个节目的演讲人有着不同的意识形态，传递着不同的价值观念。前者传递的是某个领域顶尖人物的价值观念，以科学实验来论证观点；后者传递的是平凡岗位上普通人的价值观念，以亲身经历来论证观点。在特定的文化语境下，不同的文化在发展过程中都会产生不同的意识形态，从而对听众产生不同的影响。

2. 情景语境

TED 演讲视频的情景语境分析。根据 Halliday 的系统功能语言学理论，情境语境中有三个变项：语场（field）、语旨（tenor）和语式（mode）。语场指的是语篇中正在做的事情；语旨指的是会话过程中的交际双方的角色；语式指的是交际的途径。在 TED 演讲中这三个变项分别是：

（1）语场：2016 年 4 月 9 日，Rober Waldinger 教授的演讲。

（2）语旨：Rober Waldinger 教授和现场观众。

（3）语式：TED 演讲作为传播媒介。Rober Waldinger 教授穿着大方得体，语言诙谐幽默，语调平缓，语速适中，并结合 PPT 图片和小视频等来补充听觉模态。通过多种模态间的协同，达到演讲的完美效果。

《我是演说家》演讲视频的情景语境分析：

（1）语场：2017 年 3 月 18 日 20 时至 21 时，三位演讲人。

（2）语旨：北京卫视节目主持人，三位演讲人和现场观众。

（3）语式：北京卫视作为传播媒介。三位演讲人身穿制服，语言简单朴素，语速适中，以听觉模态为主模态，视觉模态和触觉模态为补充，通过各模态之间相互配合来呈现这次演讲。

TED 演讲和《我是演说家》这两个演讲视频的情景语境有着不同的含义。在情景语境下对两个演讲视频的演讲人分析可以发现，TED 演讲的情景语境是以演讲人为主体进行演讲，这中间不存在主持人参与交际。《我是演说家》的情景语境是以主持人和演讲人相互配合完成演讲。以演讲人和主持人的口语为主模态，听觉模态和触觉模态为补充，从而构架更好的语篇。听觉模态和触觉模态的关系是互补的，演讲人在演讲的过程中可以一边说一边用手势、肢体动作、图片、音乐、视频等方式来补充所表达的内容。在整个语篇中，听觉模态和触觉模态都是不可缺少的一部分。演讲人在演讲过程中，可以以口语为主模态，配合手势、肢体动作等完成整个语篇的构建，达到影响、说服观众的目的。

（三）演讲视频的多模态话语模态的协同性分析

TED演讲视频主要是以听觉模态为主模态，但仅仅从演讲人的演讲内容来获取信息过于单一，达不到最好的演讲效果，这时需要借助其他模态，如手势、肢体动作等，协同完成一场优秀的演讲。Rober Waldinger教授在演讲过程中，借助了丰富的表情、眼神及肢体动作，利用听觉模态、视觉模态和触觉模态三者之间的协同性，向观众呈现了完美的演讲。《我是演说家》的演讲视频也是以听觉模态为主模态，视觉模态和触觉模态为补充，但是因为演讲人身份的不同，所以视觉模态是以强化协调的形式出现。在视觉模态下，演讲人的穿着打扮都会影响听众对演讲的理解。2017年3月18日这一期《我是演说家》的第一位演讲人的职业是法医，她身穿白大褂，接下来两位演讲人的职业是消防员和交警，他们同样身穿制服，三位演讲人以着装向观众传递出视觉模态信息。

通过对TED演讲视频和《我是演说家》演讲视频的多模态话语模态协同性研究发现，在这两个不同类型的演讲视频中，演讲人根据不同的受众群体和交际目的，选择不同的话语模态。两个视频有着不同的意识形态、体裁结构及情景语境含义。在演讲过程中，以演讲人的口语为主模态，视觉模态和听觉模态对其进行补充。三种模态相互配合、相互协调，构建更好的语篇，达到说服和影响观众的目的。

第二节　多模态话语分析应用

科技时代的到来使交流手段呈现多模态化趋势，人们意识到话语意义很大一部分是由非语言特征实现的，而传统的以语言为中心的话语分析方法不再能够做到充分全面。由此，多模态话语分析应运而生，研究重心从纯语言研究转向其他表达意义的符号资源研究。自20世纪90年代开始至今，多模态话语分析已有20多年的发展史，相关应用研究不在少数，但对此进行综述的文章少之又少。因此，本节着重介绍多模态话语分析前沿应用研究成果，并在此基础上分析该领域存在的问题及发展趋势，以期对今后研究有所启示。

在一般的信息交流过程中，人们并不仅仅通过纯语言进行信息传递，图像、手势、表情等其他符号模态也可参与意义表达。多模态话语分析(multimodal discourse analysis)就是对交际符号的多种模态、各模态之间的关系、它们所构成的整体意义及其特征和功能的分析。作为话语研究领域的新兴范式，多模态话语分析不仅关注语言在交际过程中的特征，还关注动作、眼神等体势语的意义，从微观层面提供更为全面的话语分析视角。

由此，多模态话语分析以其独特的优势引起国内外学者的关注，相关应用研究层出不穷。因此，有必要把握当前应用研究热点及前沿，总结其中不足，并提出展望。

一、多模态话语分析应用研究

自 20 世纪 90 年代起，国内外学者多基于系统功能语言学理论开展多模态话语分析研究。而随着学科间的不断融合，多模态话语分析与外语教学、认知语言学及语料库语言学等前沿领域不断碰撞，涌现出大量的应用研究，因此它逐渐成为当前多模态话语分析应用研究的新兴态势。

（一）多模态教学研究

新时代，互联网、多媒体等手段不断应用到教育领域，因此多模态话语分析和教学的结合是社会发展的需要，也是大势所趋。以多模态语言教学为例，早期，新伦敦小组提出多元读写 (multiliteracy) 概念，强调传统的以语言为中心的灌输式的读写模式已不再适合现代社会，倡导通过多种符号系统 (如语言文字、视觉图像、声音等) 来习得语言的多元识读教学。相关应用研究主要探讨该教学法的实施对学生相关技能有何影响，进而结合不同课程来设计多模态教学方案。因此，对于教师来说，多模态教学是一种教学方法，教师需借助 PPT、手势、语言等多种手段以更好地完成教学；对于学生来讲，多模态教学可催生新的学习方法，学生通过关注教师多模态特征，理解内在深层含义，以达到融会贯通。当然，作为新兴的教学方法，多模态教学虽然还未有广泛的应用，以探索类研究居多，但其为今后教学研究提供了更为全面和微观的视角。

此外，教师作为课堂教学的组织者，通常会运用 PPT、体势语等多种手段辅助语言完成教学。合理运用多模态话语进行教学的老师往往能取得良好的教学效果。然而，由于课堂动态语料难以收集和分析，相关应用研究匮乏，因此，未来研究可关注教师课堂话语多模态特征，以及各种模态话语如何相互协同与配合以达到更好的教学效果。除此之外，学生所用教材的内容也应向多模态化转变，要照顾学生多向接受和输入的需求，调动学生的积极性和主观能动性。

（二）多模态隐喻

认知视角下的多模态话语分析以多模态隐喻研究居多，它起源于概念隐喻理论和图像隐喻理论。隐喻无处不在，语言只是其中一种表现形式，非语言符号也可表达隐喻。该领域代表作是 Forceville 和 Urios-Aparisi 在 2009 年出版的《多模态隐喻》一书。书中对单模态隐喻和多模态隐喻作了详细区分，指出多模态隐喻是由不同模态共同参与构建的隐喻，如图像、动作等。该书还收录了该领域的前沿应用文章，包括静态媒体语篇、动态媒体语篇及口语语篇等多模态隐喻研究。此后多模态隐喻的应用研究也多与之相关，如探讨广告、政治漫画及言语和非言语等的多模态隐喻特征。除此之外，相关应用研究还聚焦在探索多模态隐喻的区别性特征、多模态隐喻与转喻的关系及多模态隐喻相似性的表征方式等。总的来说，多模态隐喻研究使得认知语言学的隐喻探索达到新高度，也丰富了多模态话语分析的研究视角，是其跨学科性的成果。

（三）多模态语料库

多模态语料库是指音频、视频和文字语料等多种信息集成，研究者可以通过多模态方式加工、检索和统计进行相关研究的语料库。刘剑等将现有的多模态语料库分为综合性多模态语料库和专门用途多模态语料库。综合性多模态语料库有"AMI"（基于会议录像）、"Smart Web"（基于人机互动）、"Hu Com Tech"（基于对话视频）、"NOMCO"（基于人际和人机互动）和意大利语国家多模态语料库（基于Youtube网站视频）等；专门用途多模态语料库多用于服务专门的行业，如针对犯罪研究的"测谎多模态语料库"，针对疲劳驾驶的"AV@CAR"语料库等。国内较大规模的多模态语料库是顾曰国教授创建的"现代汉语现场即席话语多模态语料库"，当然还有英语教育教学语料库、大学公共英语多模态语料库、多模态口译语料库等。

相较于纯语言语料库，多模态语料库还涵盖了头部、手势、目光等要素，从微观角度更全面地分析人类活动。相关应用研究从多模态的角度分析了语料的采集、语料的转写、语料的切分和标注、建库和共享等。国内多模态语料库多关注教育教学领域，国外多模态语料库则逐渐向各行各业扩展。

二、国内多模态话语研究成果

（一）理论研究成果

从系统功能语言学理论来看，主要是从社会符号这一角度进行研究，尤其是从三大元功能理论探讨话语多模态协同作用。此外，还有学者介绍并探索多模态话语分析的工具。从多模态话语隐喻意义的构建研究方面来看，把隐喻研究深入到了多模态话语的层面，而多模态话语研究的进入，也从侧面拓宽了隐喻研究的领域。以多模态隐喻为突破口，对多模态话语意义的构建展开研究，这一方面的研究还比较少。国内一些学者对这一方面进行了研究，比如王立非、文艳，他们介绍了多模态分析软件ELAN，并且还对其主要功能进行了分析，还有冯德正表明在多模态话语篇分析中，数字技术起着重要的作用。

（二）应用研究成果

我国十分重视对多模态话语分析的研究，专家李战子分析后得出结论：目前，我国主要进行应用型研究，得出结论为多模态话语已涉及很多方面，如图文关系方面、多媒体语篇方面等。主要有两种：一是视觉诗多模态话语分析。人们都理解视觉和诗的意思，但当二者结合可能就有所疑惑了。视觉诗是指不仅使用文字，还会给人带来视觉效果的诗体。二是图文关系语篇的多模态意义构建。了解图像和文本如何相互作用，并生成一定意义，是多模态话语分析中的一个难点和关键，解决了这个难点，研究者会有很大的发现与进步。

虽然我国已经引进多模态话语分析理论10多年，但研究还在初级阶段，并未有很大发展。目前该研究可分为：一是二维平面图文关系多模态研究。因为图像符号不同于文字，两者之间的社会性也不相同，必须结合具体分析才可以得到比较客观的评价。二是多媒体语篇的话语分析研究。这是一种新奇的语篇形式，可以通过所拍摄的照片及所有视频数据、音频数据等表现方式来接收并递送信息。最后，运用多媒体语篇自身的优点，将视频和音频更好地联系在一起，使得多媒体语篇更加深入社会生活中。

三、不足与展望

多模态话语分析作为一个年轻的学科，势必会遇到很多问题和质疑，而及时发现当前应用研究的不足之处，能更有利于今后学科的发展。

首先，相关应用研究中的理论基础及研究方法多是"拿来主义"，从认知语言学、语料库语言学等各种学科中寻找合适的部分并加以运用，没有自成体系。如果缺乏系统的理论支撑及研究方法，多模态话语分析很难称得上是一门独立的学科。因此，笔者认为，今后多模态话语研究应做到理论探索和实证研究齐头并进，可结合当前科技的发展实现研究方法及研究工具的创新。

其次，应用研究语料多以静态语篇(如海报、漫画、诗歌等)为主，动态语篇(如教师课堂话语、学生交际话语等现场即席话语)较少。由此引发的不平衡无法体现多模态话语分析较其他话语分析方法的优势。因此笔者认为，今后应用研究语料要有开拓性，实现多元化，最大限度地发挥出多模态话语分析的优势。

最后，相较于其他纯语言研究，多模态话语分析既要关注语言特征，又要兼顾其他表达意义的符号资源，因此较难开展大规模的统计类实证研究。同时，由于缺乏权威的分析框架，相关研究易被质疑有主观性过强、推广性弱等问题。因此，探索系统的多模态分析框架是当务之急。

多模态话语分析自身具有很强的跨学科性，目前学者正逐步探索与教育学、认知语言学、语料库语言学等热门学科的融合。除此之外，笔者认为二语习得领域及心理语言学领域可作为未来学科融合的两大方向，可以尝试用多模态话语分析解决其热点问题。

第三节 国内外多模态话语分析

近几十年来，随着科技的迅猛发展，多模态话语分析发展迅速。口语和书面语言不再是唯一的沟通方式，人们还可以使用图像、视频等符号资源进行交流。本节对多模态话语分析的国内外研究现状进行整理、归纳和评述。

一、国外多模态话语分析研究

　　Saussure(1916)认为语言学是符号学的一部分，符号包含能指和所指两个方面。符号之间的差异构成了用来完成交流的符号学系统。BarthesR 将符号视为一种社会文化意识形态，并将符号学研究的范围扩大到整个社会，包括文学、语言、图片、电影、烹饪、服饰等。随后学者们运用符号学理论对交通信号系统、数字系统、文字、文学作品、电影、广告等进行了分析。

　　虽然系统功能语法最初是为语言的符号学资源而设想的，但它在其他符号学资源中的应用已经取得了丰硕的成果。O'Toole 是符号学内部和符号间语法关系研究的先驱。他的《展示艺术的语言》一书将视觉图像的功能定义为具象、模态和构成。之后，Kress 和 VanLeeuwen 提出了他们阅读图像的作品——《视觉设计的语法》。他们认为，图像作为一种社会符号学模式，可以按照韩礼德的语言作为社会符号的方法来分析。因此，他们将语法的概念扩展到视觉模态，并在系统功能语法的基础上构建了图像语法。系统功能语言学认为，图像可以用再现意义、互动意义和构图意义来解释。他们的书中引用了各种各样的例子：照片、儿童图画、广告、报纸、教科书插图以及三维雕塑和建筑，这证明了视觉语法的巨大可信度和广泛适用性。

　　也有学者开始直接探索各种意义生成系统之间的内在联系，从而产生共同的符号学原理，力求形成一个完整的框架来分析多模态语篇。Lim 提出了一种综合多符号学模型作为元模型来分析同时包含语言和图像的框架页面。

　　早期多模态研究的重点主要集中在静态文本的分析上，尤其是 Lemke 早期科学话语的开创性工作，Kress 和 VanLeeuwen 的著作《阅读图像——视觉设计语法》。此外，Kress 和 Van Leeuwen 在《阅读图像》一书中提出了第一个系统全面的多模态语篇分析框架——视觉设计语法。他们采取了社会符号学的多模态话语分析方法，提出研究多模态话语的三个 meta — functions：概念的功能，文本功能，人际功能，但他们的研究局限于静态话语。目前的研究正日益转向对动态文本的分析，例如 O'Halloran 试图建立一个电影文本多模态话语分析系统的详细框架，并以两个小场景进行了尝试性的实验。Christian Metz 将结构语言学的见解运用到电影语言中，开启了电影话语研究的新时代，并在其著作中指出"形象永远是言语，而不是语言的一个单位"。Metz 的思想通过将电影话语严肃地纳入语言领域，激发了很多人的思考，从那时起，就有很多学者投身于这一领域。此外，多模态话语分析还涉足到多模态隐喻、多模态互动分析等领域。受到社会符号学的启发，以 Forceville 为代表的认知语言学的学者们将社会符号学、隐喻理论、转喻理论以及关联理论相结合，认为隐喻不仅表现于语言，还表现在其他符号模态中，因此提出了多模态隐喻这一概念，即源域和目标域分别或主要由两种不同符号模式呈现的隐喻现象，在很多情况下，其中一个符号模式为语言符号。除此以外，近年来多模态互动分析发展迅速。多模态互动分析的主要理论基础是互动社会语言学和中介话语，同时也吸收了社会符号学的一些观点，将语言看成社会行为，认为互动进程是共同参与过程，关注互动者如何使用多种符号模态实现社会活动，强调互动中的身份凸显。

二、国内多模态话语分析研究

近年来，国内学者对多模态话语分析的研究呈井喷之势。在多模态语篇分析理论的引入方面，李战子首先将 Kress 和 Van Leeuwen 的视觉语法引入中国，从那时起，许多中国学者开始关注单模态文本的局限性，并涉足多模态语篇分析领域。根据朱永生 (2003) 的研究，国内多模态语篇分析的研究远远落后于西方，他加强了多模态语篇分析的内容、方法、理论基础和意义，最重要的是对多模态的定义进行了梳理。

此外，成文和田海龙在多模态语篇分析的许多不同方面都取得了很大的成就，这也鼓励了学者们对这一领域的进一步研究。2009 年，韦琴红将多模态语篇分析定义为"多模态语篇分析是研究不同的交流模态之间的相互关系和相互依赖关系，无论是书面的还是口头的，无论是视觉的还是听觉的。"这些来自中国著名学者的文章为我们打开了多模态话语分析的大门。2009 年，张德禄在系统功能语言学的基础上，提出了多模态语篇分析的综合理论框架，并对不同模态之间的非互补关系和互补关系进行了研究。

近年来，越来越多的学者致力于研究电影多模态话语分析，更多的学者致力于将理论运用到案例分析中。目前的案例分析已经涵盖了多个语类，如王红阳对诗歌的分析，郑海翠、张迈曾对会徽的分析，李美霞、宋二春对山水画的分析，胡壮麟的多模态小品文分析，张德禄、王群对交通标志牌的分析，田海龙、张向静对新闻报道中的图像的分析，李德志对广告的分析，严慧仙对视频的分析，李雪、王景惠对学术语篇中多模态驱动性的分析，梁兵、蒋平对旅游宣传海报的分析，陈松菁对舞台叙事的分析，张丽萍等对烟盒警示语的分析等。这些案例分析让我们对不同语类中的图文关系、符号间性以及通过符号之间的互动所表达情感、态度和意识形态的方式有了更深层次地认知，注意到语篇获得认同的修辞手段以及在修辞方面的不足之处。这些个案分析不仅是对多模态理论的验证，其分析结果也是为促进更加有效的社会交际活动提供现实意义的借鉴。

在这些杰出学者的努力下，多模态话语分析的发展得到了拓宽，为理解各式各样的文本提供了新的视角，提高了读者或观众的欣赏水平。

第四节　多模态话语的文化语境

文化语境是系统功能语言学的重要概念之一，表示整个语言的语境。社会符号学重视实践，强调语境在社会交际中的作用，但却没有发展一种系统的多模态话语的语境概念。

在系统功能语言学的社会符号学和文化研究的基础上探讨了文化语境的基本研究范围和主要组成部分、社会符号学的符号系统、社会符号系统的机构性特点、社会符号系统的类别及其与文化语境的关系。研究发现，文化语境是意义系统。从外部表现为社会系统，包括社会结构，从内部表现为意识形态，从交际的角度表现为体裁系统，由行动、语言等各种符号系统实现。符号系统可以是两个层次的简单系统，也可以是三个层次的复杂系统。文化语境为每个符号系统提供了生存和发展的环境，同时又由符号系统共同表现。某个或某组符号系统通常是在一定的领域或机构内被激活，具有机构性特点，在社会交际中产生多模态话语。

随着多模态话语分析理论的出现和发展，迫切需要发展从社会符号学角度分析多模态话语的语境理论。20世纪70年代，Halliday提出了语言是社会符号（language as social semiotic）的观点。在 Halliday 及 Voloshinov 和 Bakhtin 等的理论启发下，Hodge 和 Kress 出版了专著《社会符号学》(Social Semiotics)，Thibault 出版了《作为实践的社会符号学——语篇、社会意义的产生以及纳博科夫的艾达》(Social Semiotics as Praxis: Text, Social Meaning Making and Nabokov's Ada)，标志着社会符号学的正式诞生。接着 O'Toole 出版了《展览艺术品的语言》(The Language of Displayed Art)，Kress 和 van Leeuwen 出版了《阅读图像——视觉设计的语法》(Reading Images: The Grammar of Visual Design)，标志着多模态话语分析理论的诞生。虽然他们都强调语境的重要性，但没有像 Halliday 那样发展一种社会符号学的语境理论。本节力图把 Halliday 有关语言语境的理论延伸到社会符号学研究领域，发展多模态话语分析的语境理论。Halliday 借用人类学家 Malinowski 的观点，把语境分为两个类别：文化语境（context of culture）和情景语境（context of situation）。本节重点探讨文化语境。

Halliday 认为，社会现实（或文化）本身是一个意义构体一个符号结构。从这个角度讲，语言是组成文化的符号系统之一，是一个独特的符号系统，因为它可以是许多其他（不是所有）符号系统的编码系统。也就是说，文化是由众多符号系统组成的，语言是其中之一，也是文化的一部分。同时他还认为："当我们到语言外时，我们发现这个意义系统实际上也体现外部的东西，即讲话者能做的事，我们把它称为行为潜势（behavioral potential）"。"文化给我们的行为模式定型，而我们的大部分行为是由语言作中介的。"因此，文化也包括行为潜势，即文化既包括意义潜势，由意义系统组成，也包括行为潜势，由行为、行动等组成。文化还是我们的思维方式、行动方式、信念和价值观，即意识形态。他又把社会系统（包括社会结构）归入文化，"社会系统，我认为是与文化同义的"。这里需要思考的是文化从本质上讲是什么，是行为潜势、意义潜势、符号系统的集合？还是社会系统或者是四者的融合？如果是四者的融合，如何解释它们之间的关系，如何解释文化语境与符号系统之间的关系？

一、文化与文化语境

文化语境（context of culture）是系统功能语言学的重要概念之一。Halliday 指出："语言是社会个体作为社会人在他的有生之年可以进行选择的一系列开放性的行为选项。文化语境是所有这些选项的语境，而情景语境则是其中某个具体选项的语境。"文化语境"不仅指语言赖以发展进化的传统文化，也包括用以定义现代社团文化的交叉区域"。Halliday 还以语言教育为例说明文化语境的具体意义。"学校是文化中的一个机构，包括教育概念、与常识知识不同的教育知识、课程设置和科目；教职工的复杂角色结构，如校长、顾问、督察、教育院系等；还有无法言说的有关学习以及语言地位的假设等。所有这些因素共同组成文化语境，决定在情景语境中对语篇的解释"。Martin 认为，文化语境由两个部分组成：意识形态（ideology）和体裁（genre），并认为意识形态是组成文化编码取向的系统，从动态的角度讲，则涉及权力的再分配。意识形态是由体裁实现的。但总的来说，还"没有建立起一个单独的文化语境语言学模式"。

已有的系统功能语言学框架内的研究都是围绕语言的文化语境进行的。多模态话语的文化语境与语言话语的文化语境的区别在于，语言语篇的文化语境是语言作为一个符号系统赖以存在和发展的文化环境，研究的重点是什么社会文化因素可以为语言的选择和交际提供环境。而多模态话语的文化语境是任何一个符号系统或者多个符号系统共同赖以存在和发展的环境，研究的重点是某个符号系统或者某组符号系统与其余所有符号系统之间的关系，或者说是什么社会文化因素可以为某个或者某组符号系统参与社会交际提供环境。虽然语言语篇的文化语境和多模态话语的文化语境是相关言语社团的同一个文化，但是以不同的符号系统为出发点观察的。由于涉及的符号系统的类别和数量不同，因而文化语境中涉及的相关因素也有差别。

从社会交际的角度看，文化就是文化语境，即为交际活动提供环境。我们借用已有的文化研究成果，结合 Halliday 等对于文化语境的论述来探讨文化语境的范围和内涵。文化似乎是大家都很熟悉同时也很难确定的概念。Kendall 和 Wickham 指出，文化在"1951 年的《社会科学百科全书》中有 78 个定义"。从根本上讲，文化是人类进行社会交际的产物，同时也是组织社会交际的架构和规范，从而也是组织人类社会的构架，也就是说，文化是社会性的，是社会系统，包括社会结构。但在人类语言学以及社会语言学研究领域，似乎并没有把社会性作为文化的核心来对待，起码在给文化定义时是如此。例如，人类学家 Edward Tylor1871 年在《原始文化》（Primitive Culture）一书中就曾说："从最广义的人种学意义上讲，文化可以定义为'包含知识、信念、艺术、道德、法律、习惯和其他的可以使人成为一个社会成员所要求的能力的复杂整体'。"世界著名人类学家 Malinowski1931 年也在《社会科学百科》中说："文化包括继承的人工制品、商品、技术过程、思想、习惯和价值。"这两位人类学家所列举的基本上都是社会的运作机制和运作过程所产生的结果，而不是机制本身，包括它产生的产品：人工制品、商品、技术过程、知识、艺术、法律等及意识形态：思想、习惯、价值、道德、信念等。Williams 认为："文化是对特定生活方式的描述，表达特定的艺术和学问中的意义和价值，以及机构和一般行为的意义和价值。"从这个定义来看，分析文化实际上是理清某个特定文化中的生活方式的隐性和显性的意义和价值。也就是说，文化研究实际上是对意义的研究，"文化变得更加密切地和意义相关了"，但他没有考虑到体现意义的符号系统，以及意义是如何表达的。

综上所述，文化可以看作是产品，也可以看作是意义和意识形态，还可以看作是社会机构和系统，这些不同的定义实际上是从不同角度得出的不同结论。如果我们把文化看作是意义，即进行社会交际、社会运作所依赖的意义系统，文化的核心就是意义，或者称为意义潜势。它是进行所有社会活动所赖以选择的资源系统。Hodge 和 Kress 聚焦于意识形态，称为意识形态复合体（ideological complex），"用以维持权力（power）关系和团结（solidarity）关系，同时关照统治者和被统治者的利益，表现社会秩序"，并增加了一个话语规则系统（logonomicsystem），即"一系列规则，规定意义在生产和接受中的条件"。

Kendall 和 Wickham 把文化归纳为一个核心概念：秩序化（ordering）。Paul du Gay 等则认为可通过五个过程实现秩序化：表现（representation）、身份（identity）、生产（production）、消费（consumption）、规则化（regulation）。从表现的角度来看，文化表现为社会成员的思维模式、思想观念、信念、社会规约、风俗习惯、世界观、价值观等，称为意识形态，也就是说，文化在社会成员的心理中。但这些因素成为文化的部分需要满足几个条件：（1）共同性，即不是偶然出现在某个或者某几个社会成员的心理中，而是出现在大多数或者全部成员的心理中，成为一种社会现象，而不仅仅是个体现象；（2）无意识性，即这些文化因素或组成成分一般是无意识的、自然的、自动的，只在某些特殊的情景中是有意识的，如成为讨论的话题，这种无意识性能够保证复现性和规约性，而文化现象都具有复现性和规约性；（3）支配性，即具有支配社会成员的行动和行为的作用，而且它们的存在也是通过支配社会成员的行为和行动表现出来的，即通过他们说的话、做的事表现出来。

从身份的角度来看，文化是社会系统，也是社会关系。某个文化中的社会成员形成了人类社会复杂的社会关系，而且每一个成员都在这个社会团体中具有不同的角色、态度、价值观等。这些社会关系一般分为两个类别：权力关系和团结关系。权力关系由掌握权力的人和没有权力的人组成。掌握权力的人具有控制社会的运作机制，包括话语权在内的权力，而没有权力的人则可以适应或顺从，使权力得以顺利实施，也可以不顺应这种权位关系，从而形成冲突和对抗。团结关系指社会人力图在平等的权利关系中进行交际，保持成员间的和谐和团结，从而使社会机制和谐存在。权力关系和同位关系使社会机构成为可能，社会成员能够根据自己的地位和角色在社会系统中存在和起作用，其中知识、道德、法律等社会机制的组成部分使社会系统稳定和保持一致。每一个社会成员都在这个社团中具有各种各样的角色和身份，并且根据这种身份和角色在社团中生活及从事生产和消费活动。

如一个人在工作单位是教师、领导、同事,是教育事业的生产者,为社会培养人才,回到家中是儿子、父亲、丈夫,作为生产者获得收入,养家糊口,同时也是消费者,还可以是某个社会团体的成员、领导等。在社会活动和交际中他又同时扮演着不同的临时角色,如乘客、买者、卖者、询问者、执行者等,成为生产者或消费者。

生产和消费都是过程。如果把文化视为意义的话,人类的表意过程本身就是行为和行动。从个体和具体的角度讲,这个过程表现为参与者的生产或者消费的行动和行为。从文化作为系统的角度讲,文化是社会成员行为和行动的资源库,也为社会成员的行动和行为划定了范围,成为行为潜势,大体规定了在这个文化中哪些行为和行动经常发生、哪些不经常发生;哪些可以做,哪些不能做,或者不会想起来做。从文化作为行为过程的角度讲,文化为人们能够成功地做哪些事提供了过程或者程序,同时也包括哪些过程经常出现,哪些不经常出现;哪些是固定的,哪些是可变的;哪些是提倡的,哪些是禁忌的等。这些过程就和做什么事,在哪些领域做事,有什么预期的结果等联系起来,经过长期的实践过程被常规化和规约化,形成了人类为实现某一个交际目的,完成一项生产或消费过程稳定的行为模式,这就是体裁。文化是由无数的体裁组成,即从行动与过程的角度讲,文化为相关言语社团的成员在这个文化中能做的事规定了范围,并提供了行动的模式和规则等。

行为和意义是辩证的关系,行为本身是一个表意的过程,任何文化行为都是有意义的,但同时意义也体现行为,即任何意义都表达特定的行为。例如,课堂教学是特定文化的产物,教学和学习任务是由老师和学生的一系列行为和行动实现的,包括话语、书面语、动作、身势、运用PPT、黑板、教具等工具。这些行为和行动实际上都表达意义,进行意义交流,从而使知识的探讨和能力培养步步深入,不是无序的、任意的,而是按照一定程序和步骤进行的,即按照体裁结构潜势确定的阶段和步骤发展形成课堂教学的体裁结构。从具体的行为和活动的性质来看,有的体裁结构主要由语言完成,如讲课,而有的主要由行动完成,如修理汽车。但共同点是都有意义,都是行为和行动,都是按照体裁结构发展的。

所谓规则化,就是社会行为模式和交际过程的常规化、规约化、习惯化。任何文化现象都是常规化的。规则化起码包括以下几个方面:(1)行为和交际模式与交际目的一致性;(2)不同的行为模式之间表现出来的区别性;(3)交际系统的领域性。人类在进行生产或消费的过程中要完成一次生产或消费目的,需要选择相应的行为或交际模式。例如,以往要与远方的亲人或朋友交流信息,需要写信,信就成为一种体裁,具有了比较稳定的模式。非语言的交际模式也是如此,如到商店买东西成为商业服务型体裁结构模式,包括购物询问、回答、购物、付款、买卖结束等必要成分以及问候、排队等可选成分。因此进行不同目的的交际活动,要选择不同的交际方式、媒介或渠道等。例如,朋友间的聊天用口语加手势、表情等,而发表重要的学术成果要用书面语。虽然交际方式和交际目的的关系不是一一对应的,但在有几个不同方式可选择时,有时某一种是最合适的,或者不同方式各有利弊。不同的符号系统适用于不同的交际目的和不同的领域。有的符号系统适用范围很广,如语言适用于几乎所有的领域和目的,但在某些领域并不是最好的,有时是不合适的。例如，用语言指挥交通理论上讲是可行的，但实际上是不适用的，而用交通信号灯则更适用。

二、符号系统

符号系统虽然都有共性，即是一个意义潜势，体现交际者的意义，但由于媒介和来源的不同而具有不同的特性，因而可以根据不同的标准分为不同的类型。例如S.Peirce根据符号规约化的程度（conventionality）把符号分为三个类别：图像符号（icon），能指和所指对象在一定程度上相似的符号；标识符号（index），能指和所指连为一体，或是其一个样例的符号；象征符号（symbol），能指和所指之间只具有规约性联系的符号，依次规约性提高，可推测性降低在广义的基础上识别了六个类别的符号，即除了Peirce的三个类别外，又增加了信号符号（signal），可使接受者产生反应的符号；表象符号（symptom），能指和所指具有自然联系的符号和命名符号（name），所指表示其外延类别的符号。

本节从社会符号学的角度来探讨符号类别及系统，主要从符号的系统特点角度来区分符号系统。Halliday根据符号系统的复杂程度，特别是根据符号是否具有可重新组合性，分为两个层次和三个层次的符号系统。在两个层次的符号系统中，符号的媒介和意义是一一对应的，没有词汇语法层，如儿童在掌握母语前发出的表达意义的声音以及交通信号系统的颜色和与意义。两个层次的符号由于在语境中通常孤立出现，因而语境依赖程度特别高。例如，交通信号离开了交叉路口的语境将没有意义，儿童的话语离开了语境更难理解。在三个层次的符号系统中，符号的媒介和意义都具有各自的系统，彼此之间的联系需要词汇语法层来作为中介，它的媒介单位不一定和实现符号意义的形式单位对应，同时符号的形式特征可以进行重新组合来形成新的符号，这类符号具有再生性。

符号系统具有领域性特点，大多数的符号系统都只适用于一种或者几种交际领域。例如，绘画和雕刻主要用于艺术领域，也可以出现在建筑和广场设计中。不同的符号系统同样也适用于不同的人群。例如高雅艺术品，如绘画、音乐、雕刻，适用于中高阶层的人群，而农贸市场的交际模式一般适合于普通人群。不同的符号系统要通过特定的交际方式进行。语言可以用口语、书面语、盲语、手势语几种不同的模态进行，但大多数符号系统只通过一种模态进行。例如，交通信号是通过视觉类的色彩表达，不能改为其他模态。

交际方式的创新和发展可以引起交际模式的创新和发展，从而引起意义系统的改变，这是媒介对意义系统的反作用。例如，互联网的发展促使新的交际模式产生。这些新模态致使意义潜势发生了很大变化，使网络自由化趋势得到很大发展。如在面对面交际中不能表达的个人情绪、过度夸张语、宣泄情感的言语可出现在网络上。

三、符号系统与文化语境

文化同时具有意义表现性、社会性、行为性、思想性和规则性，可以把这几个方面统一起来。但我们关心的是文化与符号系统的关系，即在文化中哪些是符号系统，哪些表现为语境，需要探讨更加复杂的文化作为意义系统、行为潜势、意识形态和社会系统与符号系统的关系。

文化是意义系统，同时符号系统也是意义系统，它们是相同的事物。文化与某个符号系统的关系是部分与整体的关系，即每一符号系统都是文化的一个组成部分，文化就是所有符号系统的综合。文化也为所有符号系统提供了产生、生存和发展的环境。离开了文化，任何一个符号系统都会失去存在的价值和可能。

Halliday 认为："社会现实（即文化）自身就是一个意义大厦，一个符号构体。从这个角度讲，语言是组成文化的社会符号之一。"在文化语境中，意义是最高层次的，每个符号系统最终体现的都是意义。所有的行为、行动都成为体现意义的形式和媒介。这种观点似乎和 Halliday 本人的其他论述不一致，"如果我们到语言外就会发现，意义系统本身是体现更高层次的东西的，即讲话者能做的事，我把它称为行为潜势"。这实际上是和他所论述的对象不同相关，前者是针对整个文化的意义系统的，可以由各种不同的符号系统来体现，也可以由语言来体现，语言是组成文化的符号系统之一；后者实际上是一种重新符号化过程，即由行为和行动来体现的意义重新由语言来体现，语言作为一个特殊的符号系统具有特殊的功能，"语言是一个与众不同的符号系统，它本身又是其他许多（虽然不是全部）符号系统的编码系统"。符号系统不仅会有不同的意义潜势，需要符号系统之间的互补，而且还可能有更加复杂的关系，如一个符号系统可体现另一个符号系统，或一个符号系统可能包含在另一个符号系统中。

文化语境包括行为潜势。每一个行为要具有意义才能具有文化特性，行为具有意义就具有了符号性，当任何行为具有了符号性就能被人类认可。而任何符号都要通过一定的媒介特征来体现。模态和媒介赖以实现的主体是行为和行动，包括使用工具的行为和行动。行为和意义就形成了嵌套关系，文化行为由意义来体现，意义又由行为作为载体的模态和媒介来体现。符号意义和符号行为形成了辩证关系，符号行为由意义来体现，意义又以行为为载体的媒介来体现。这种现象的形成是由行为所具有的双重功能来表现的，即它是有意义的事物，由意义来体现，实现更高层次的社会行为系统，即行为潜势；它是有形的事物，可以体现意义，表现为可感知的有形事物，即媒介。正如 Wegener 所说："模态出现在表达层面作为单独的表意模态，表现在语境界面作为话语的语境。"

意识形态作为意义系统整体的内在特征，即总是存在于人的大脑中的特征，不是由某个符号系统体现的，而是作为所有符号系统的某些共有特征而存在，它是整个符号系统的意义潜势在社会成员心理中共有的特征。也就是说，每当某个符号系统被激活、被选择时，它所体现的所有意义都有意识形态的组成部分，可以作为所有符号系统共同的内在文化语境。

而社会系统则是整体意义系统的外在特征。它也不是由某个符号系统体现，而是作为所有符号系统所体现的宏观层次的意义而存在，主导和调节社会的运行机制和社会交际过程。因此，社会系统不是某个或某几个符号系统的意义潜势，而是所有符号系统意义潜势的总体表现形式，可以作为所有符号系统共同的外在文化语境。

文化语境中的社会系统和意识形态是意义系统的抽象和宏观层次的特征，由于它们的宏观性和共有性而成为所有符号系统的共有语境。而行为系统则是意义系统的形式和媒介，是体现意义的层次。只有在情景语境中它们才能成为其他符号系统，特别是语言系统语境的组成部分。

在文化语境中，每一个符号系统都形成一个意义潜势，用以体现一定范围的意义。这个符号系统的意义系统和其他符号系统的意义系统可以是相互独立的，各自形成互不相邻或相交的意义范围，如音乐和交通信号；或者虽然相邻却没有交叠的意义范围，但也可以是有一定交叠的意义系统，如语言和图像；或者大部分交叠，如口语和书面语。

四、符号系统的机构性：分潜势或次潜势

没有一个符号系统的意义范围可以涉及文化中的意义潜势整体。实际上，社会系统有很强的机构性特点，如教育、法律、行政管理、商务、外交等，可以说文化语境是由具有机构性特点的不同情景类型组成的。人类的交际基本上都是局限于这些意义领域的某个方面，即某一个机构中。

机构是整个社会文化的一个组成部分，具有和文化语境相同的特征，即人类的组织系统、意义潜势、行为系统、思维模式等。但由于它的区域性特点，因而也具有独有的特征。某个机构中符号的使用者具有一定的局限性，他们形成一个社团，具有相同和相似的活动领域，属于相似的阶层和领域，使用相似的符号系统。例如，在教育领域，老师、学生、管理者和服务者的语言有共同的特点，称为方言。这些话语使用者在符号系统的选择上具有一定共性，即说相似的话语，做相似的事情，表达相似的意义，具有相似的思维模式和意识形态等。

交际的领域具有一定局限性，活动范围和所感兴趣的事也集中于这个领域中。如教师话语、学生话语、课堂话语等可称为语域。在多模态话语中，话语的范围要包括所有在这个领域进行交际所选择的符号系统，包括办公系统、教学系统等符号系统。交际者主要由上面提到的教师、学生等组成。交际的方式是上课、讲座、会议等。这个机构的交际领域给人们进行交际提供了语境，他们的话语具有语域的特点。

交际者不仅共享交际的领域和语境，而且还发展了相似的语言类型以及方言和语域类型的态度和情感。例如，标准语要比方言更美、高级、正式，某个区域的方言是低等的、粗俗的，某个语域的话语需要用某些正式程度高的语言表达方式。在教学领域，就有对于使用现代化工具的不同态度，有的认为PPT不给学生留有思考的空间，不能提高教学效果，浪费人力物力，有的则认为PPT是必备工具。实际上每一个符号系统都有自己的意义潜势或者称供用特征，符号系统之间需要相互取长补短才能更好地完成交际任务。

社会文化机构化的结果是在整个社会文化领域形成了许许多多的次级意义潜势，包括

相关的知识领域,如法律知识领域、商务知识领域、教育知识领域等。教育还可以包括许多根据学科划分的更加具体的知识领域,如数学、语言学、文学等。它形成了这个领域典型的活动过程,即体裁结构,如课堂教学的体裁结构以及不同课型的课堂教学体裁结构等。它们分别在交际过程中由不同的符号系统和媒体系统体现,成为多模态话语。

　　机构是文化语境的分支,但在实际的交际过程中,文化语境主要是由不同的相关机构完成的。这是因为人类的交际都是在一定的机构中进行的,很难找到涉及所有机构领域的交际活动。这某个交际活动的文化语境实际上由两个部分组成:(1)所有机构所共有的文化特性,如共同的规约、价值观、人生观、意识形态甚至某些活动方式、话语风尚等;(2)机构特征,包括某个机构的活动领域、社会团体、典型的体裁结构、交际方式等。

　　文化语境的核心是意义系统,可以表现为行为、意识形态、社会系统和结构、社会规则等,包括相关社团所有可进行的交际行为和可进行交际的所有领域以及所有这个言语社团可进行交际的方式。同文化中的社会成员进行的所有交际活动都是通过符号系统进行的,包括两个层次和三个层次的符号系统。文化语境作为意义系统是所有符号系统的总和,而意义系统要通过有目的的社会实践,从相关符号系统中作选择,经过一定的过程来实现。大多数符号系统都具有机构性特点,适合在某些特定的领域,由特定的社团成员,以一定的交际方式进行社会交际。

第五节　认知语言学与多模态话语分析

　　本研究主要梳理多模态话语分析向多模态认知批评分析发展过程中的相关理论和研究成果,展现多模态研究的发展轨迹和方向。一方面,多模态研究经历了功能语言学传统的多模态话语分析向多模态批评话语分析的发展;另一方面,认知语言学在向批评话语分析和多模态发展,为后两者提供更多的研究路径。本研究认为,这两方面的发展最终形成了以功能语言学和认知语言学为基础的多模态认知批评分析这一综合分析视角,为多模态研究开启了更多的研究方向和方法。

　　首先介绍多模态话语分析最常用的社会符号学分析方法及其主要理论——视觉语法(Visual Grammar),并指出该理论的优势和不足之处。然后介绍近年来多模态领域对"批评"的重视以及"多模态批评话语分析"这一术语的提出。接着梳理认知语言学关于隐喻和转喻的研究成果以及两者在多模态话语中的运用。随后介绍认知语言学的批评转向,即认知语言学理论在批评话语分析中的运用情况、取得的成果以及不足之处。由于话语分析本身所具有的跨学科性以及多学科性,基于功能语言学的多模态批评话语分析和多模态隐喻(转喻)分析以及认知话语分析,因而最终形成了一个综合分析视角——多模态认知批评分析。这种重"批评"的"认知-功能"或者"功能-认知"综合分析框架为多模态研究开启了更多的研究方向和方法。

一、基于功能语言学的多模态话语分析

（一）社会符号学和视觉语法

视觉语法是社会符号学的主要理论，该理论立足于功能语言学理论关于语言三大功能假说（语言的概念功能、人际功能和语篇功能），同时借鉴电影研究的相关理论，提出视觉图像分析的三个层面：再现意义、互动意义和构图意义。根据图像的再现意义表征图像中人物、地点和事件之间的交际关系或概念关系。图像的构图意义包括三个方面：信息值、显著性和框架。图像的上下、左右、中心和边缘分别传递出不同的信息值。显著性表明图像中的成分可通过被放置在前景或背景、相对尺寸、色调值的对比、鲜明度的不同等方式，体现出吸引观看者注意力的不同程度；框架指的是图像中有无空间分割线条，这些线条表示图像中各成分之间在空间上被分离或被连接的关系。

图像的互动意义体现观看者与图像参与者之间的特定关系，主要通过（目光）接触、距离和视角三方面的共同作用，构建出观看者和再现内容之间复杂、微妙的关系。接触是指图像参与者与观看者通过矢量（目光）和面部表情建立起来的一种互动关系。当参与者目光直接注视观看者时，属于索取类图像。这样的构图有两个功能，一是形成和观众的直接交流；二是构成"图像行为"，要求和观众建立某种社会关系，寻求观众接受、赞同他们的观点和想法。图像参与者与观看者之间没有目光接触，它则属于提供类图像，观看者只是接收信息的一方。距离通过镜头取景的框架大小得到体现。图像参与者和观看者之间的关系越是亲密，镜头取景的框架越小，近镜头或特写镜头揭示一种亲密的个人关系和特定的情感；长镜头取景的框架大，揭示了一种疏远的社会关系。视角主要体现态度意义和权力关系。视角分为水平视角和垂直视角。水平视角分为正面和斜面视角，电影中多数场景都会采用正面视角，可以带给观众身临其境的感觉。对于垂直视角，如果图像参与者是从很高的角度被拍摄（俯拍），说明观看者地位较高，那么观众是从权力的视角观看他们；如果是从低角度拍摄（仰拍），则表示图像参与者处于强势的地位，从权力的视角看观众；如果图像和观众的视线持平，即平角角度，那么双方是平等关系，没有权力的差异。

（二）视觉语法存在的问题

视觉语法有关图像互动意义的论述表明，社会符号学关注不为人所注意的、日常使用的符号模态的社会效应和意识形态效果，强调多模态话语的社会性，但是视觉语法还不能充分地解释多模态意义的建构。Forceville 认为，一个完善的视觉语法应该至少能够预测或启发人们某些规则在什么情况下运行。Kress 和 van Leeuwen 的研究以及基于他们理论的研究，很大程度上依赖于视觉结构与语言表现形式的对比，更多地关注信息的物质层面（如涉及的模态有多少、模态的组合等），忽视了多模态知识建构和激活中涉及的思维过程，从而偏离了结合语境的信息解读，同时也忽视了语类以及语类的规约性。而 Bateman et al 则认为，Kress 和 van Leeuwen 忽视了语篇意义。他指出，语篇意义很重要，能够帮助我

们避免视觉语法中过于概括的观点。例如，视觉语法中，页面或屏幕的相对空间位置具有固定的意义：页面的顶端更加理想化，表示事物应有的样子，而底端则更加真实，是事物实际的样子。这样的观点在没有进一步实证的情况下，直接用于解释所有的页面和屏幕图像，就会产生过于概括的结论。此外，视觉语法是在语言研究（功能语言学）的基础上发展起来的，尽管也借鉴了大量的影视拍摄理论，但是在动态视频分析方面还存在明显的缺陷。例如，影视作品中最常用的特写镜头以及特写镜头的意义和功能，在视觉语法中并没有详细阐述。

事实上，视觉语法为我们提供了一个工具箱或者分析思路。在实际应用的过程中还需要根据语料的语类特点进行调整，并和其他分析方法相结合，才不会产生生搬硬套的分析结果。

（三）多模态批评话语分析

当学者们在文本分析中开始涉及视觉、声音和材料设计等内容时，多模态视角在CDA中变得越来越普遍。van Dijk 很早就把话语看成一个交际事件和言语成品，是各种意义的表现形式，包括互动话、书写文本、手势、面部表情、印刷布局以及其他符号等。近年来有学者，如 van Leeuwen 自己也提出对多模态话语要有"批评"性，即揭示多模态话语中隐含的意识形态意义和权力关系。Machin 则直接提出"多模态批评话语分析"这一概念，尝试在多模态话语分析的实践中体现"批评"的含义，通过对游戏、音乐、建筑、图像、影像、颜色、版面这些多模态话语进行批评分析，揭示权力关系及意识形态通过娱乐、休闲、玩耍等人们喜闻乐见的交流形式被认可和接受。多模态批评话语分析在应用层面遵循批评话语分析的原则和方法，既注重话语在社会生活各个领域中发挥的作用，又根植于对话语实例扎实的分析之中。因此，在具体的案例研究中，多模态批评话语分析既要以揭示各种"符号资源"被用来构建知识和再现事实的方式为目的，同时又要强调这种揭示需要建立在对多模态符号资源的分析基础之上。

目前，多模态批评话语分析仍然还在起步阶段，研究成果并不多，主要集中在 Machin et al、Abousnnouga et al、Machin 等少数研究上。例如，Abousnnouga et al. 结合对战争纪念碑的多模态批评话语分析，指出在战争纪念碑这个符号资源上，纪念碑的矗立者没有在纪念碑上表现暴力、羞辱、痛苦，而是加入了古典因素和象征不朽和坚固的材料，"屠杀"也被坚定向前的脚步和挺拔的卫兵所代替。通过隐去、添加和替代某些符号资源，战争纪念碑的矗立者成功地实现了他的交际意图。在视频研究方面，潘艳艳运用社会符号学理论，借鉴电影理论和传播学相关理论，建构动态（视频类）多模态批评话语的分析框架，并将这一框架运用到中美警察形象宣传片的对比分析中，揭示了中美警察形象宣传片在叙事特征、互动意义以及意识形态上的不同，并探讨了建构正面、积极的警察形象的有效途径。

从以上现有研究来看，多模态批评话语分析在"批评"的时候，还是主要借鉴社会符号学的视觉语法理论。然而有些话语现象，如象征主义和诗歌语言，仅仅借助社会符号学而不涉及符号资源使用背后的认知和心理机制，是无法做到深刻分析以及意识形态地有效揭示的。

二、基于认知语言学的多模态话语分析

（一）基于语言的隐喻和转喻研究

自从《Metaphors We Live By》这本著作问世以来，认知语言学已经发展了近40年，并取得了令人瞩目的成就。和传统的将隐喻视为文学修辞手法的观点形成对比的是，Lakoff提出的概念隐喻理论把隐喻定义为不同的高级经验域中两个概念之间的映射，认为隐喻建立在源域和目标域的相似性的基础上，是人类通过具体来理解抽象的思维机制。隐喻的一般模式是ABSTRACT A IS CONCRETE B，即"抽象的A是具体的B"，人们根据具体的B来理解抽象的A，并结合语境判断B的哪些特征被投射到A上。例如"Love requires shared goals"就体现了英语中最常用的概念隐喻LOVE IS A JOURNEY，可以理解为"爱情是一起共同走过人生之旅"，也可以理解为"爱情之路不会一帆风顺，会像旅途一样，历经各种艰难险阻才能在一起"，具体的映射需要根据语境来判断。认知语言学目前已经有大量的隐喻研究成果，例如：Gibbs、Lakoff et al.、Kövecses等等。

在隐喻研究开始十几年后，认知语言学开始将目光转向转喻研究。认知语言学认为，转喻建立在邻近性的基础上，包括空间邻近性、时间邻近性和因果邻近性，即处在邻近关系的两个概念中的一个概念为理解另一个概念提供心理可及性，即"X stands for Y"（X代表Y），X和Y之间是替代关系。例如，He has a good head on him中的"good head"代表他的智力，意思是"他很聪明"。Hollywood一词可以用来指代美国主流电影，因为电影都是在Hollywood这个地方拍的。转喻识别更加依赖于语境和百科背景知识，转喻的映现与一个认知域中次认知域的心理突显(mental highlight)或激活是相关联的。因此转喻识别的关键在于对源域，即具体词汇所指代的概念或复杂事件的推理上。关于源域的知识不仅来自体验性(embodiment)，更多地来自源域所包含的文化内涵。事实上，转喻更像是一座冰山，冰山一角让我们联想到藏在海平面下面的部分。目前，转喻作为另一个人类思维机制被广泛研究，产出了很多成果，例如：Panther et al、Ruiz de Mendoza、Littlemore等。

（二）隐喻和转喻研究向多模态的发展

既然隐喻不仅是一种修辞方法，而且它还是一种思维方式。那么隐喻就不仅可以用语言符号表达，还可以用其他符号模式来表达，并表现在绘画、音乐、雕塑、建筑等人类的认知活动中。各种线条、形状、式样都表达内心的思想和感情，赋予我们的信仰、怀疑、希望、需求和理想的实体与形式。尽管认知语言学者们都认为隐喻和转喻是基本的认知机制，但他们的研究一直局限于语言，直到Forceville将隐喻扩展到广告研究中，隐喻和转喻在语言之外的其他模态中的研究才开始。隐喻建立在两个不同经验域之间的关联上，多

模态的符号资源和呈现方式使人们能够创造更多更新颖的隐喻，哪怕是传统的文字隐喻，换成多模态呈现也会产生新的含义。在认知隐喻理论、概念整合理论和关联理论的基础上，Forceville 先提出图像隐喻 (pictorial metaphor)、视觉隐喻 (visual metaphor)，接着提出了多模态隐喻 (multimodal metaphor)。在单模态的图像隐喻中，源域和目标域都以图像的形式 (即视觉模态) 呈现。在多模态隐喻中，源域和目标域分别由不同符号模式呈现。在多模态的语境下，通过两种或多种模态或符号协同作用，相互补充，构成多模态隐喻。例如，漫画、海报、广告、电影、演讲等，这些语篇通过图像、文字、声音、音乐、动作等符号和模态的组合构成多模态隐喻。Forceville 认为，多模态隐喻研究的意义在于：通过观察其他非语言模态隐喻的成果来证明隐喻是人类的基本认知机制之一，将基于语言研究所观察到的概念隐喻及相关结论在多模态环境下进一步证明。

到目前为止，广告是成果最多的研究领域，包括广告牌、广告片中的图文隐喻，其次是电影、古典音乐、手势等领域的多模态隐喻研究。就像语言模态的转喻研究落后于语言模态的隐喻十几年一样，多模态转喻的研究也落后于多模态隐喻，目前的相关研究仍然不多，一般作为隐喻的"附属品"进行分析和阐释。现有研究主要有 Villacawidth、Pérez-Sobrino 等对广告中的图文转喻的研究以及 Pérez-Sobrino 对古典音乐和当代音乐中转喻的研究。

三、认知语言学的批评转向——认知话语分析

话语既表征心智，又通过心智表征社会，话语分析不仅需要社会视角，也需要认知视角，因此认知话语分析体现认知语言学的"批评"转向，同时也是 CDA 进入 21 世纪时最重要的发展方向之一。认知语言学为 CDA 提供了更多的、独特的视角和方法选择，认为语言的意义本质上是概念性的，语言的使用被视为一系列意义建构或者是思维过程的产物。认知语言学使 CDA 能够将隐喻表现、前景和背景、社会和习俗范畴以及注意力等加以理论化。认知话语分析的主要目标是：建构语言所唤起的思维结构；揭示社会政治语境下具体语言使用所唤起的思维建构中隐含的意识形态和合法化潜式。也就是说，认知话语分析更加关注读者在构建意义时的心理和认知方面特征，关注符号使用和理解过程中的认知过程。意义的建构过程就是某个人使语篇具有某种意识形态并能够动员读者产生一定社会行为的过程。

Hart 认为认知话语分析主要有三个路径：①意象图式分析；②批评隐喻分析；③语篇世界分析。

意象图式分析将情景或事件视为意象图式所建构的产物。意象图式是抽象的、整体的知识结构，并先于人类语言。Johnson 列举了 20 多个意象图式：容器 (CONTAINER)、平衡 (BALANCE)、强迫 (COMPULSION)、妨碍 (BLOCKAGE)、反作用力 (COUNTERFORCE)、限制 (RESTRAINT)、移动 (REMOVAL)、启动 (ENABLEMENT)、吸引 (ATTRACTION)、

可数 - 不可数 (MASS-COUNT)、路径 (PATH)、连接 (LINK)、中心 - 边缘 (CENTER-PERIPHERY)、循环 (CYCLE)、远 - 近 (NEAR-FAR)、等级 (SCALE)、部分 - 整体 (PART-WHOLE)、融合 (MERGING)、分裂 (SPLITTING)、空 - 满 (FULL-EMPTY)、配对 (MATCHING)、强迫 (SUPERIMPOSITION)、复述 (ITERATION)、接触 (CONTACT)、过程 (PROCESS)、表面 (SURFACE)、物体 (OBJECT)、集合 (COLLECTION)。意象图式分析认为，语篇中人们通过大脑里的这些图式进行语言选择，将现实进行范畴化和重新组织，并引导读者进行推理。这就使得他们的语言选择具有了表征意识形态的功能。不同的图式定义事件结构中不同的语义角色，从而赋予社会参与者独特的品质，使其具有某种意识形态。Chilton、Hart 等学者都做过意象图式的意识形态功能研究，在很多情况下，意象图式是概念隐喻的源域。

批评隐喻分析认为概念隐喻是意识形态认知研究的一个重要起点，根据隐喻使用者对源域的选择，可以揭示其所持的意识形态。批评隐喻分析的研究发现，一些相对有限并为人们所熟知的知识框架包括旅途、建筑物、战争、水、疾病、天、游戏、赌博、方位意向图式以及容器被人们用来进行一系列的社会政治现象的隐喻理解。Musolff 通过对政治隐喻的研究，指出其中的意识形态偏见具有操纵听者 (观众) 的效果。

(3) 语篇世界分析是基于 Chilton 和 Cap 的话语空间理论 (Discourse Space Theory)。根据话语空间理论，语篇世界由三个维度的心理或者话语空间建构而成，分别是时间、空间和情态。这三个认知维度能够揭示人类的心理表征情况。Cap 在此基础上进而提出"趋近化"(proximization) 这一术语，并区分了时间趋近化、空间趋近化和价值趋近化。Cap 认为，趋近化理论有助于充分揭示政治话语空间中复杂的意识形态定位和敌对意识形态间的动态冲突。趋近化也是一种话语策略，可以用于唤起听众和读者对于外来威胁的迫近感，从而寻求预防措施合法化，或者拉近与读者的距离，或者用来推卸责任等。刘文宇、徐博书用趋近化理论分析了三任美国总统任期内发布的三份《国家安全战略报告》，根据报告所建构的话语空间及其对中国的定位，发现中国在报告中的定位变化明显，由"合作伙伴"逐渐转变成"国家安全威胁"。颜冰、张辉基于中方、美方、英方关于中美贸易战话语的小型语料库，对其在空间、时间与价值轴上的趋近化语言策略进行批评性分析，发现中方使用更多空间趋近策略，取缔了对方行为合法性；而美方使用更多价值趋近策略，努力增强自身合法性。时间轴上，中方更多采用将来到现在的概念转移，预示美方行为对未来的深远影响；而美方更多采用过去到现在的概念转移，臆造中方过去的入侵行为。英方在立场上并非完全中立，与中方的心理距离更近。

除了上述认知话语分析的研究路径，还有其他学者将认知语言学的心理空间理论和概念整合理论用于话语分析。例如，Alonso, Molina et al 运用心理空间和概念整合理论分析了 30 个多模态数字故事，解释了各种符号如何传递不同渠道的信息，但却能整合在一起传达一个整体的意思，从而揭示了不同的符号模态和资源在数字故事中建构意义的复杂方式。事实上，在分析符号的字面意义和比喻意义时，心理空间和概念整合理论可以提供一个统一的框架，用来解释语言、视觉和声音意义是怎样整合成为一个完整的故事结构。整个视觉模态本身可以被认为是一个叙事，在这一叙事中，好几个输入空间进行跨域映现，从而组成一个整合的空间。

此外，Chilton 从大脑模块理论假设出发，以认知科学和进化心理学为基础，建构了自己的 CDA 分析框架。该框架分为两个层面：微观交际层面的文本认知特征和宏观交际层面的社会政治特征。微观层面着重从认知角度来解释语言的理解；而宏观层面则主要解决交际渠道、话语类型和语言特征、话语参与者、互文性、文本杂合性和"新"话语的产生等问题。

认知语言学并不是某个具体的理论，而是一种语言学的研究范式，由多个相关联的理论组成。批评话语分析不以理论建构为终极目标，特别是不以建立宏观理论为目标。两者相结合形成的认知话语分析使我们可以根据自身的学科背景和理论背景，结合具体分析对象和分析目的采用和借鉴不同的理论。

四、多模态认知批评分析

新媒体时代，话语的载体和传播途径越来越多样，也越来越复杂，需要我们用更加广阔的视角来进行研究。社会符号学话语分析、认知话语分析、多模态批评话语分析，都是话语分析领域不同的研究路径，各有优势也各有侧重。然而要实现理论研究服务于社会实践，单一视角显然是有局限性的。因此，从话语的认知、批评和多模态三个维度综合考量，构建多模态认知批评分析这一综合视角也是话语分析发展的必然趋势。多模态认知批评分析视角主要以社会符号学分析和认知语言学为主体理论基础。这两个理论分别对应于多模态话语分析两个层面，前者从功能的层面进行分析，注重话语分析的社会性；后者从认知的层面进行分析，注重隐喻和转喻这两个人类认知现象、话语世界、心智等方面的研究和阐释。这两个层面根据话语分析者的理论背景和研究兴趣，具体可以形成"认知 - 功能"（认知为主，功能为辅）或"功能 - 认知"（功能为主，认知为辅）分析模式。

这一综合视角的特点在于：注重语类特征以及语篇的社会、文化和政治背景的阐述，为后续分析的有效性奠定基础；在符号特征描写的基础上进行认知分析；注重对比分析和批评。对比分析是将来自不同文化的语料从表意方式、叙事手段、交际目的和交际效果等方面进行比较研究，揭示两者之间的相似性与差异性，发掘值得我们借鉴的地方。"批评"不是揭露语篇中的负面意义，而是通过对比分析，从不易被人们发现、已经习以为常的现象中揭示权力关系和意识形态，从而了解语篇所包含的社会、政治方面潜在的观念、价值等；跨学科视角、多理论借鉴以及分析重点的灵活性。在实际操作层面，具体步骤需要结合分析对象的语类特征以及传播载体和媒介进行相应的调整，如新闻视频的分析，可以结合新闻报道和新闻视频拍摄剪辑的一般规律以及传播学理论调整分析框架。在分析中，鉴于新闻是现实类语类，其中的隐喻较少，转喻较多，那么分析重点就是转喻的识别和解读。

如果隐喻、转喻分析不能有效地揭示话语策略和意识形态，那么就需要借鉴其他理论，如批评话语分析中常用的评价理论、互文性理论等。

多模态认知批评分析这一综合视角的研究目前还在起步和探究阶段，如冯德正用系统功能理论阐释了图像隐喻和多模态隐喻的构建与分类，将视觉图像的元功能资源看作隐喻潜势，并分析了再现意义、互动意义和构图意义与隐喻的构建。潘艳艳从符号特征和认知机制方面分析了政治漫画中的隐喻、转喻现象和源域的文化内涵，探讨隐喻和转喻对身份的构建或重新构建的作用。Feng et al. 从社会符号学的视角分析了隐喻的视觉呈现，并解释了镜头的位置和组合建构意义的认知机制。潘艳艳、郑志恒运用认知-功能分析法，对中美征兵宣传片进行多模态认知批评分析，在隐喻和转喻分析的基础上揭示中美征兵宣传片在叙事模式和话语策略以及意识形态上的差异。林宝珠结合社会符号学和隐喻理论，提出社会、认知、主体间性三者合一的互补性多模态隐喻语篇分析模式，从而最大限度地提升多模态批评话语分析的效能和力度。张辉、颜冰结合话语空间理论与趋近化理论探讨叙利亚战争话语在空间、时间与价值轴上话语空间的构建与"指称中心"的转换，揭示了美、叙、中三方不同的话语策略，指出在政治冲突话语中，处于不同指称中心的说话人为实现不同政治目标选择相应的语言操纵策略并隐含不同的立场和观点。

以上多模态认知批评分析，在认知方面借鉴最多的还是隐喻和转喻理论，其中的隐喻分析可以看作是认知话语分析中的意象图式分析、批评隐喻分析的多模态延伸，但是语篇世界分析、Hart 的综合分析框架、心理空间以及 Chilton 的大脑模块分析等语言模态的分析方法，目前都还没有在多模态话语分析中予以运用。也就是说，多模态认知批评分析还有很多可能的路径等着研究者们去探索。

多模态话语分析从诞生之初到现在经历了 20 多年的发展，历经多视角融合，理论创新、领域和视野的扩展，最后实现了多模态话语分析向多模态批评认知话语分析转向的趋势，这一趋势也是新媒体时代话语分析发展的必然趋势。

第六节　多模态话语分析理论模型

随着新技术条件下人类交往方式的转变，话语及其变迁成为新媒体跨文化传播需要面对的问题。多模态话语分析是建立在语言学基础上，把文字语言与图像、声音等非语言符号结合起来，从整体的角度分析各类符号所组成的表意系统和话语意义，以更好地解释人类传播中交际和互动的话语分析方法。多模态话语包括但不限于文字、图像、声音、视频、动画、图表和色彩等，还涵括视觉、听觉、触觉等几大感官模态。多模态话语分析的理论模型及其对新媒体跨文化传播研究具有方法论意义。

数字新媒体颠覆式地改变了人类交往与传播模式，传统的话语体系正在被建构和重建，基于数字化传播技术的全新话语模式正在形塑。一方面，新媒体正在重塑跨文化传播的格局、思路和实践方式；另一方面，新媒体与跨文化传播之间互动频繁，它突破了媒体融合原有的新技术认知层面，将人与技术的融合、文化与技术的动态交叉、文化间的多维镜像囊括其中。伴随着不断的新媒体跨文化传播事件，人们发现复杂多元的传播渠道和模式正不断重塑我们的话语体系，而话语又反过来对传播内容和方式产生着广泛而深刻地影响。因此，话语及其变迁即成为新媒体跨文化传播需要面对的问题。

一、新媒体跨文化传播中的话语研究转型

近年来，网络社会中涌现出的新媒体跨文化传播事件越来越多地成为新闻传播学等学科的新兴研究旨趣。2016年初，一场跨越海峡的"帝吧远征"引起广泛争论。针对台湾岛内的台独现象，一批大陆青年网民在"帝吧出征，寸草不生"的口号下，登入台湾地区最为普及的社交媒体Facebook，在部分公众人物和媒体主页的评论区留下大量"反台独"的图文评论，这场被称为"青年人自发的爱国行动"成为海峡两岸，甚至国内外关注的新闻热点。这场"远征"受到研究者的高度关注。研究在展示其作为一场跨地域、跨文化的网络民族主义运动的新型表达方式时，都不约而同地将目光聚焦在其所生产的新的话语模式上，比如图文表情包的大量使用，行动口号和标语的生成等多模态话语现象，成为这场"跨文化远征"最鲜明的内容和色彩。这些话语在新媒体跨文化传播的独特环境中生成了新的形式和内涵，无论是大量的图文表情包、口号标语，还是被广泛传播的音频、短视频，甚至连色彩的运用，都糅合为新的话语实践和话语本身，它们在跨文化传播中扮演着独特而令人兴奋的角色。

那么，如果将表情包等视为话语进行研究，研究者该如何认知和分析这些新的语料呢？传统的话语分析几乎都是以文本为基础的，面对互联网中涌现出的文字之外的图像、声音、视频、动画、图表和色彩等充满生命力的符号，话语分析方法做出了怎样的方法调整呢？

话语分析把"传播看作意义的产生、协商与争斗的过程"。传统的话语分析尽管对文本语言的形式与结构做了深入研究，却对占人类交流大多数的自然状态的话语视而不见，对大量存在于人类交流中的社会符号缺乏观察和审视。从媒体演进的历程看，传统的主要通过语言表达意义的做法已逐渐被多种媒介共存的复合话语取代，多媒体化体现社会实践的常态，而多模态化也成为当今社会文化系统的固有特性。模态一词在语言学的理解中是相对广义的概念，多模态符号不仅指不同的符号系统，而且包括同一符号的不同变体，即模态就是符号形态，多模态话语是多种符号资源整合的语篇。多模态话语就其性质而言是人类感知通道在交际过程中综合使用的结果。可见，多模态话语分析不仅存在于语言学研究中，而且它也需要新闻传播学、计算机科学、符号学、哲学、心理学等跨学科的理论架构和知识采纳，否则，话语分析难以揭示以表情包等为代表的大量新话语形态的所指和它们在跨文化传播中的重要意义。由此，多模态话语分析已然成为新媒体跨文化传播中话语

研究转型的路径选择之一。

综上，多模态话语分析是建立在语言学基础上，把文字语言与图像、声音等非语言符号结合起来，从整体的角度来分析各类符号所组成的表意系统和话语意义，以更好地解释人类传播中交际和互动的话语分析方法。文字语言与各类非文字符号组成的多模态话语包括但不限于文字、图像、声音、视频、动画、图表和色彩等，还涵盖视觉、听觉、触觉等几大感官模态。

本节聚焦新媒体跨文化传播研究中多模态话语分析的功能意义，通过文献分析回答两个研究问题：一是多模态话语分析方法的理论模型与争议有哪些？二是多模态话语分析方法对新媒体跨文化传播研究的方法论意义如何体现？

二、多模态话语分析方法：理论模型与争论

多模态话语分析起始于 1977 年 R.Barthes 在《图像的修辞》一文中的讨论，其提出了视觉图像在意义表达上与语言之间的相互作用。到了 2002 年，随着国际首届多模态话语交流研讨会的召开，多模态话语分析正式成为话语研究的一个独立分支。多模态话语分析发展至今已 40 年，形成了若干不同的理论模型。有学者将多模态话语分析归纳为三种主要的理论模型：以 Kress 和 van Leeuwen 为代表的"系统功能符号学"，以 Norris 为代表的"多模态互动分析"，以 Gu 为代表的"语料库语言学多模态话语分析"。后有研究将 Forceville 基于认知语言学提出的多模态隐喻理论也视为一种主要的理论模型。

（一）系统功能符号学分析

系统功能符号学认为模态指的是符号模态，通常包括语言、图像、声音、空间和身体动作等，主要以符号系统的数量来界定多模态话语。以 Kress 和 Van Leeuwen 为代表的社会符号学派把图像归纳为社会符号，从社会符号学的视角来分析图像、人物、事物等如何进行复杂程度不一的视觉陈述，并认为该过程中，视觉语法起到了决定性作用，该模型被称为多模态图像分析框架。

该理论模型将多模态意义系统分为再现、互动和构图三种意义，分别对应语言的概念、人际和组篇意义，模型对各类意义的图像特征和实现方式进行了细化。图像的互动意义又包涵了接触、社会距离和态度三个子系统，它们是并存关系。其中，每个子系统包涵二级子系统和具体选项，如社会距离子系统又可划分为亲近、个人、社会、非个人、公共等具体选项；态度则包括主观和客观两个二级子系统。研究者通过各个子系统及选项之间的相关关系来考察图像所具备的互动意义，可采用实例分析证实视觉语法的可操作性。

该模型主要聚焦图像与文本的相互作用，适用于解释图像—文字的二元多模态话语素材，有研究曾采纳这一理论模型研究宣传海报的话语意义。由此，如果多模态话语呈现方式属于图像—文字的二元多模态，则可使用这一模型进行解读，比如"表情包"语料中的图像—文字类话语素材。

（二）多模态互动分析

多模态互动分析理论认为，人类的互动是通过言语、距离、身体姿势、头部动作、坐姿、手部动作、场景布局、印刷品、音乐等模态的各种协同使用来进行的，每种模态都是一套符号系统，在人类互动中言语模态并不总是起主导作用。这一理论的代表性学者为Norris。

Norris建构的多模态互动分析框架从互动社会语言学中吸收了实时互动和使用中的语言等概念，从多模态研究中吸收了身体姿态、动作、色彩等模态，把人类互动视为一个交际事件来分解处理。在沟通和交流的互动过程中，每个模态的使用都有其各自开始、持续、结束的运作轨迹，因而可以被分开描述。而交际事件则可以被分解为前景化的高一级行动和背景化等不同阶段，各个阶段的过渡可以依靠交际模态共同搭建。以探望亲友这一交流活动为例，在活动的第一阶段，最初的拜访被视为前景化的高一级行动，但随着活动的深入，人们出现了聊天、合影等新的活动形式，此时，最初的拜访演变成背景化事件，而聊天、合影等成为前景化的高一级行动。交际事件依靠不同的模态（讲话时的表情、肢体动作等）来表达意义，活动发展阶段始终处于人类互动的变化中，并生成交际双方的意识。

该理论模型在解释人类即席交流时具备较强的解释力，尤其适合分析多模态话语中不同模态的意义表达和相互作用过程。在新媒体跨文化传播研究中，即席交流的交谈距离、身体坐姿、注视角度等模态会被新媒体交流中的表情符号、表情包、问候语、语音、短视频或社交礼仪等数字化模态所取代，新媒体跨文化传播中人类互动和创新性的符号使用将成为研究的新素材和视角。

（三）语料库语言学多模态话语分析

语料库语言学多模态话语分析将模态定义为"人类通过感官（如视觉、听觉等）跟外部环境（如人、机器、物件、动物等）之间的互动方式"，把人际互动分成内容层和媒介层。内容层是摄像机采集到的代表人际互动的视频图像。媒介层是内容的承载者，根据不同的计算机处理工具而有不同的成分。以视频图像为例，模态实际上是计算机软件工具所能处理的媒介内容或呈现形态，如声音、身体姿势、动作等等。通过对多模态话语内容的切分，Gu提出根据时空转换、人体之间、音质差异、活动过程等线索来处理的步骤和方法，此理论模型被称为语料库语言学多模态话语分析框架。

Gu的研究中建构了一套用以解读人类互动的多模态话语模型，该模型将人类互动划分为社会心理和个体行动两个层面。社会心理包括连接个人与社会的社会情景、文化认可的活动类型和表现行动性质的任务、花絮；在个体行动层面，则由说话、做事、说话兼做事构成了人类之间的互动，其中说话、做事又可以指向具体的行为，这里所说的行为不仅包括行动，也包含了言外之力的韵律单元。Gu的研究还指出语料库采样的具体方法，"录音取样原则上应该是我们对语言与社会、语言与各种社会活动的关系有着整体的且深刻的认识的基础上进行的"。这表明，使用该理论模型对语料库进行多模态话语分析时，需要结合话语表达者的语境、语态去选取正确的语料，同时结合语言交际互动的过程对不同的角色进行深刻的认知，避免出现对语料地错误理解和处理，从而导致分析结果的误差。

该理论模型可结合计算机科学在内的跨学科研究方法，适用于对海量且内容繁杂的语料进行处理，这在对以大数据、海量信息为特征的新媒体研究中具有很强的方法适用性。

（四）认知语言学多模态隐喻分析

Forceville 在 1996 年的研究中把模态界定为"一种可被运用感知和阐释的符号系统"，可以表现为图像、声音、音乐等不同形式。基于传统的隐喻理论，Forceville 在其关于广告中图像隐喻的研究里，创新性地把图像隐喻作了四种类型的分类：单体图像隐喻 (MP1)、双体图像隐喻 (MP2)、图像明喻 (PS)、文字——图像隐喻 (VPM)。其中，前三类（含 MP1、MP2 和 PS）为"图像—图像"的隐喻类型，即源域（即喻体）和目标域（本体）均以图像的方式呈现，但又存在具体的差异性，三种隐喻类型在源域与目标域之间存在着替代、融合与并置三种不同的空间关系。除"图像—图像"类型外，后一类则表现为"图像—文字"的隐喻类型，即一个域以图像呈现，另一域则以文字表达，二者缺一不可。尽管这种分类仍不能涵盖所有的图像隐喻类型，但是系首次对图像隐喻进行系统化的分类，并扩大了图像隐喻这一范畴内涵。Forceville 建立的认知语言学多模态隐喻分析模型首创性地以认知语言学视角系统论述了图像隐喻 (pictorial metaphor) 的组构性成分、表征方式、分类及其识解方略。

Forceville 在其后续研究中进一步提出了单模态隐喻与后多模态隐喻这两个新概念，前者指涉的是用单一模态（主要是视觉模态）建构目标域和源域的隐喻现象，后者则是指使用多模态符号构建目标域和源域的隐喻，通过多种模态的相互作用来构成概念隐喻。在方法使用上，Forceville 采用了定性描写与实证调查相结合的方法来分析多模态隐喻，除了重点描述图像隐喻本身的类型特征和互动关系外，还强调了图像语境与解读者自身文化背景对解释隐喻的意义。

（五）中国学者的研究进展

2003 年，国内首次出现了对多模态话语分析方法的研究。该文详细介绍了 Kress 等人的多模态图像分析框架，并指出多模态话语研究对语言学和语言教育的重要意义。在这之后，国内关于多模态话语的研究逐渐增加，也有研究者在海外研究的基础上建构出新的分析指标和模型。张德禄建立的分析框架分为四个层面：文化层面、语境界面、内容层面和表达层面。其中文化层面最为关键，包括人所特有的意识形态、文化背景等，由此延伸的话语情境、话语意义、形式与关系和媒介表达等平行层面，分别包含不同的具体选项，这五个层面共同决定了多模态话语的意义与交际表达。这种多模态话语分析综合理论框架强调多模态话语研究的重点是不同模态的形式特征和它们之间的关系。潘艳艳则从认知语言学的角度提出了"认知 - 功能"分析法，这一分析框架通过吸收认知语言学中隐喻与转喻的概念，从符号特征、符号意义潜式和语篇的认知机制对多模态语篇展开分析。这一多模态认知—功能分析法认为，隐、转喻现象作为人类的基本认知机制，不仅存在于语言模态中，而且也存在于广泛的非语言模态中。

（六）多模态话语分析方法的争论

上文中，海外学者创立的四种理论模型均关注多模态话语，但在理论阐释和建模过程中呈现差异，这种差异性在中国学者的使用和发展中得以延续。

首先，对多模态话语分析的核心问题，即什么是模态，四种理论模型的解释并不一致。系统功能多模态话语分析、多模态互动分析和多模态隐喻分析均将模态视作符号资源，而语料库语言学则将模态定义为"人类通过感官跟外部环境之间的互动方式"。这表明，不同的理论模型在以认知模态作为符号与技术等外部环境的相关性时侧重点不同。

第二，理论渊源明显不同。系统功能多模态话语分析源自系统功能语言学，多模态互动分析脱胎于互动社会语言学，多模态隐喻分析发展于认知语言学，而语料库语言学则从计算机科学中汲取大量养分。可见，不同学科均已关注到多模态话语分析作为解释现实问题的可能路径，但其产生的主要根基仍然是语言学。

第三，具体的分析路径亦有不同。系统功能多模态话语分析注重对符号系统本身的微观层面的分析与语法建构，而多模态互动分析和语料库语言学强调对人类互动行为的宏观考察，多模态隐喻分析关注的则是多模态符号如何建构隐转喻和影响人类认知，而不仅仅停留在符号本身的微观层面。理论的发展已使多模态话语分析方法能兼顾到宏观、微观问题研究，并开始指向人类认知的精神深处。

第四，在如何对待多模态这一话语符号上存在差异，这也是最核心的争议。多模态符号究竟应是作为一种话语工具用于研究人类交往行为或人类认知，还是其本身可以作为研究的素材和对象来剖析其语法(如视觉语法)的特殊性？对这一点，不同的理论模型也各有偏重：在语言学基础上发展的系统功能多模态话语分析和模态隐喻分析均将模态符号本身作为研究对象，通过引入传统语言学中的语法和修辞研究来探讨模态在意义表达中所起到的独特作用；而多模态互动分析和语料库语言学则更多地将其视为一种话语研究的工具，以多模态的视角来尝试分析人类互动中的交际行为、过程与意义表达。需要思考的问题是，这些理论模型更多地将多模态视为话语工具或中介，或多或少忽略了多模态作为新媒体话语的特殊性。比如，多模态隐喻的研究视角强调对语篇整体意义的构建及认知机制的关注，弥补了传统语篇分析重符号而轻文化背景的缺陷，但这种框架主要关注多模态话语中隐喻与转喻的建构和解读，而非多模态语篇分析本身。

中国学者的新近研究对四个基本模型进行了有益的补充，尤其注重从语言学的角度对话语的意义进行解释，但仍未跳脱基本理论模型的局限性。当然，中外学者的多模态话语分析框架共同指出了文化这一分析维度的重要性，多模态作为技术的文化和作为文化的技术同时对话语产生重要的意义，多模态建构话语产生的情境，创新了新的符号和所指，从形式和意义的双重角度推动人类的行动实践，进而重塑我们的话语和个体、集体社会心理，从整体上完成话语作为文化、话语作为权力的改造过程。那么，多模态话语分析方法是否适用于新媒体跨文化传播研究呢？

三、新媒体跨文化传播研究中的多模态话语分析适用性讨论

新媒体与跨文化传播之间的互动现象已突破了媒体融合原有的新技术认知层面。新媒体跨文化传播研究涵盖了网络社会、新媒体事件、文化身份认同、跨文化伦理等不同面向。新媒体为跨文化传播提供了更加宽广和复杂的舞台，但在涉及具体的跨文化交际情境时，愈发丰富、多变的交际形态和话语素材却给研究者带来一个很大的难题，即缺乏适合的分析方法和工具，因此，新媒体跨文化传播引入多模态话语分析方法的必要性无须赘言，而中国学者近年来也已有尝试。

（一）模态与话语视角研究

研究者将模态本身作为多模态话语分析关注的重点，借用现有的分析框架对作为话语的多模态进行特征解读。这类从模态与话语视角出发的研究，主要借鉴了系统功能符号学的分析框架。

有借用 Kress 和 van Leeuween 的视觉语法分析框架对网络新闻中的多模态积极话语进行分析，文章以"帝吧出征"事件的网络新闻报道为素材，通过语言、图像两个层面对多模态积极话语的建构进行研究。有类似主题的研究指出，图像对语言的介入对多模态积极话语的产生有建构作用。另有研究认为，图像传播弱化了文字传播的话语权，导致人们对以语言为主的流行语的关注度下降。这一由文字到图文结合的网络话语表述形式的演变过程，可以理解为当今新媒体图像话语权与以往的网络语言具有本质的差别。这些研究从朴素的实践出发，都指出了多模态的新媒体特质。在跨文化传播的实践研究中，这些数字化新媒体的特殊意义正在凸显。在对钱云会事件的新媒体跨文化传播效果研究中，作者指出线性文本话语和图像式话语在新闻叙事中相互协同、相辅相成。通过建立多种符号模态之间或隐或显的相互联系，新媒体跨文化传播话语得以形成意义连贯的叙事整体，以多模态协同配合的方式有效提升其叙事效果，从而实现高效的传授交际。对《舌尖上的中国》的研究也颇有启示，文章以纪录片及其加长版视频为语料，从文字、画面、声音三个层面对中国传统文化特征及其话语建构策略进行多模态分析，解读了饮食文化所折射的家园认同、"礼"性和谐、历史传承、多元共存等中国传统文化特征，并指出多模态话语语料能以知识—意识—能力的发展路径来更好地培养学生的跨文化理解、认知分析、表述与传播交际能力。

上述研究较好地描述了多模态话语本身，聚焦于话语呈现出多模态的特色、模态与话语之间的互动，并在一定程度上呈现出多模态话语的传播效果。总的来看，模态与话语视角研究更多适用于一般性多模态话语素材地表意分析，在特定文化背景下能对语料素材进行较为准确地诠释，但在涉及历史、语言情境和文化等复杂的跨文化传播现象下，单一方法的使用有可能会出现解释力度不足的问题，如在对"表情包大战"的研究中，仅对表情

包语料进行图文二元分析，难以揭示其话语背后文化、价值观和意识形态冲突的本质。

（二）全球化与本土化视角研究

全球化是当今跨文化传播的时代背景，新媒体的出现加速了全球化，而全球化"重新定义了文化认同与公民社会，并要求寻找出一种新的跨文化互动方式"。通过借鉴系统功能符号学与多模态互动分析方法，多模态话语与全球化、本土化间的关系在相关跨文化研究中已然展现。

有研究将多模态话语分析方法作为研究香港广告和城市多重成分的框架体系，该研究分析视觉和语言素材如何被应用于广告中，从而建构香港广告话语的多重认同现状。研究指出，香港广告中的视觉和话语素材构建了从国际化都市、中国人都市和广州人都市的不同认同。如在国际化都市的形象建构中，英语的使用是象征性的，而其他语言的使用则是非象征性的；在本土化的建构中，广告从香港本土流行文化中汲取了大量素材，服装、食品类广告中去言语的视觉素材更多地构建了国际化都市认同。由此，分析文本时有必要认真地对待话语的双模态特性，方能认知多重编码下的话语内涵。针对北京旅游推广华语的研究也采纳了多模态话语分析方法。研究将北京旅游宣传片和2008北京奥运宣传片同时采用的中国传统音乐、西方音乐和中西混合音乐等音乐素材视为多模态，从而将属于全球化的西方音乐和本土色彩浓厚的传统音乐进行融合交汇，在具体的使用中不同的音乐也承担着不同的叙事功能。正是这种话语混合的特色，让北京旅游推广华语呈现出双向、辩证发展的全球本土化特征。

多模态话语在展现浓厚的全球化色彩同时，也存在着大量本土化的话语，二者之间表现出辩证、双向发展的过程。上述研究表明，新媒体跨文化传播不仅要关注不同文化之间的互动、交流，也要注重本土文化在经历冲突或融合之后的异变、回流。因此，全球化与本土化视角适用于研究全球与本地文化交织的跨文化现象，包括文化冲突议题，它们共同指向跨文化现象背后的核心问题——认同的危机。在本土身份和全球话语之间徘徊的个体，如何通过网络空间的虚拟共同体去连接、实现认同，双重话语的冲突又如何影响个体的身份认同、意义建构？多模态话语分析为这些新媒体跨文化传播研究提供了新视角。

（三）话语与权力视角研究

多模态话语分析亦能揭示跨文化关系中话语反映的社会权力。多模态作为一种叙事策略，与性别框架、网站机构分析、品牌消费等相结合后，可用来展现形象建构、网络行为迁移、身份认同脉络中的权力关系和塑造。

关于新加坡航空"新加坡女孩"广告的研究指出，广告话语通过多模态叙事地使用来操控关于新加坡女性形象的性别叙事。研究通过对比不同时代广告镜头与镜头之间的连接关系、图形关系、音乐节奏与画外音的关系，指出具有性别歧视的性别叙事仍被保留在广告中。多模态话语建构的女孩不再是真正的女性，相反是"个人的梦想和国家愿景"结合后的权力物语。网站机构话语的小型语料库分析十分有趣，研究发现，网站机构话语主要呈现文字和图像两种视觉模态，这些多模态话语通过多模态手段实现参与者与网页浏览者之间建构与被建构的关系。与传统的文字机构话语相比，网站机构话语更能反映机构所拥有的权势地位，而通过对图像话语的多模态分析，则显示出网站机构话语背后隐藏的权力关系和意识形态，从而实现对网页浏览者思想行为地操纵和掌控。还有研究聚焦中国女性时尚生活杂志，发现这些女性杂志通过采用国际品牌设计风格和消费品来不断做出视觉上的改变，从而重新定义了中国女性的核心价值观和身份认同的脉络。需要指出的是，该研究采用了多种视觉多模态的分析框架与访谈法相结合的研究路径，从而形成一种被作者称为多模态的批判性话语分析方法。

上述研究表明，多模态往往被作为一种观察的话语工具，通过对不同情境或不同时空的多模态语料的对比分析审视话语背后的权力。性别议题中的男性与女性、网站机构话语分析中的参与者和浏览者、女性杂志消费中的中国与日本比较均基于某种跨文化关系视角，多模态话语分析都最终指向社会权力的分配与转移。一些研究者的视野已经从简单得多模态分析转向与批判话语分析相结合的综合性研究方法，这表明，多模态话语分析视域有可能拓展语言学等传统研究的单一框架，进而从更广阔的社会科学背景中探索新媒体跨文化传播的多样性。

（四）隐喻与转喻视角研究

认知语言学认为，隐喻和转喻是人类认识世界、表达思想和组织意义的重要机制。因此在新媒体跨文化传播研究中，有一类的研究特别关注多模态语篇中的隐转喻现象，这部分研究继承了上述认知语言学多模态隐喻分析的框架，并与新媒体跨文化传播实例结合起来。

研究中国国家形象片传播的作品从多模态话语的角度描述形象建构是如何达致的。研究认为，隐喻和转喻往往建立在多模态符号特征、图文关系和社会文化语境的阐述上，体现在文化内涵、源域与目标域的相互映射关系上。无论是词汇、图文还是镜头排列，都能表达出话语者所赋予的抽象意涵或概念。隐转喻之间的互动可以分为四类：①转喻丰富隐喻的含义；②转喻呈现隐喻的靶域；③转喻呈现隐喻的源域；④不依附于任何隐喻而独立存在的转喻，他们共同构成的意义系统成为形象片试图达成的传播目标。关于体操世锦赛宣传片的研究也有类似的结论，不同模态间的动态性互动在多模态隐喻与转喻的建构与识解中起着重要作用。宣传片借助影像、文字等模态的交融与配合以及叙事化表述，将目标传递给受众，以增强情感效果与文化共鸣。

这类研究比较多地关注新闻传播过程本身，往往将多模态本身视为隐喻、转喻的非语言载体，通过对隐转喻现象的识别和解读来判断话语者是如何通过符号资源的使用构成身份和意义，进而达到传播目的。伴随着媒介形态的不断发展，不论是新媒体交流中表情符号、问候语、语音、短视频或社交礼仪等数字化模态，还是跨文化传播中国家形象、文化软实力等话语素材，都成为隐喻、转喻视角所关注的对象。

综上，多模态话语分析在新媒体跨文化传播研究中已有广泛地应用，针对不同的跨文化话语类型，研究者采取了不同的话语研究视角。一般而言，模态与话语视角多用于具体分析多模态话语的本身特性及传播效果；全球化与本土化视角适用于全球化视阈下文化冲突、认同危机相关的话语案例分析；话语与权力视角研究则适用于当代社会中消费、性别及权力语境下的跨文化传播研究；隐喻与转喻视角则更多被用于新媒体使用中个人表达与意义传递的解读。因此，新媒体跨文化传播研究中的多模态话语分析具有适用性。

四、多模态话语分析对新媒体跨文化传播研究的方法论意义

基于上述研究可见，多模态话语分析方法对新媒体跨文化传播研究具有积极意义。第一，它极大地丰富了跨文化传播研究中的话语模态多样性，使跨文化传播的研究对象从传统话语分析聚焦的文字拓展至图像、声音、视频、动画、图表和色彩等多感官模态结合的话语素材，由此展现出新媒体跨文化传播中复杂的话语生态。第二，针对跨文化交流中涌现的表情符号、表情包、弹幕、国家形象等新媒体语料，现有的多模态话语分析框架为跨文化传播研究提供了扎实的研究工具和分析方法，使研究者能透过表层的符号系统探讨新媒体、跨文化之间的互动及意义建构的过程。第三，它提示在新媒体跨文化传播研究中要高度关注文化、话语与人类认知、表达及互动之间的复杂关系。多模态话语分析模型聚焦于文化与话语模态的相关性，多模态互动、隐转喻分析等都将文化作为社会情境、意义交流的重要分析维度，新媒体跨文化传播研究亦需从文化与话语视角出发，从个体的认知、表达到跨文化的群体互动层面入手，才能更好地探寻并解释媒介、人与时空关系中的文化间与主体间互动行为。第四，本土化—全球化话语的多模态研究显示，话语正以跨文化、跨地域的方式参与全球网络社会的构建，新媒体跨文化传播要重视话语、本土化与全球化身份建构之间的密切关联，从这一视角出发方能更准确地审视网络社会共同体中的种族、民族与群体间的连接、信任和认同。

与此同时，多模态话语分析方法尚不能满足新媒体跨文化传播研究的一些差异性需求。

首先，既有多模态话语分析多集中两种模态结合的二元分析框架上（如文字与图片），又有少见对三种及以上的复杂模态同时存在的语篇进行分析的作品，更罕见将表情包等新型数字符号作为话语进行研究的作品，故很难称为真正意义上的多模态分析，这使得研究者可能忽略或难以对跨文化传播中流动的新媒体话语进行分析。

其次，多模态研究者（通常是语言学者）往往对他们所研究的新媒体语篇类型的基本工作机制不够了解（如语法依据），对非语言符号的微观描述常常与宏观层面的社会文化语境脱节，进而对非语言符号的主观性解读太强，这可能削弱新媒体跨文化传播研究的说服力。

第三，多模态话语分析方法对文化现象的解释力仍然不足。新媒体内容生产和传播中的文化诉求创造性地发展了模态。无论是图像、文本还是视频、色彩等模态，都带有鲜明

的文化色彩和新技术烙印，如网络流行语、表情包等多模态话语，与当前的青年亚文化之间紧密相关，模态成为社会文化的表征。此外，新媒体跨文化传播中生产的多模态话语同时具有流动性，这种文化相关性不仅涵盖单一的文化背景，而且还涉及多种文化间的关系，进而呈现出复杂且动态的文化含义。面对这些涌动在流动空间、无时间之时间下的跨文化传播新现象，既有的多模态话语分析模型在解释社会历史情境和文化内涵时尚显乏力。

综上，一方面新媒体跨文化传播研究需要引入多模态话语分析方法。模态始终凝聚着文化，网络社会中多模态话语的广泛使用使意义的共享变得更为便捷，文化共同体也依靠这些多模态话语而被构建。在人类沟通与互动中，多模态话语成为文化与跨文化旅程中意义的源泉之一。另一方面，新媒体跨文化传播研究使用多模态话语分析方法时需根据研究对象、问题等进行方法的调校：加强对新媒体话语模态特殊性的研究，对新兴话语的技术特征、传播规律、意义阐释等进行针对性和差异性地辨识；加强对多模态话语背后文化、历史语境地解读，方法使用上要在微观符号分析的基础上更加注重宏观的社会文化情境；针对具体的多模态话语情境，重视混合研究方法的使用，新媒体跨文化传播问题仅从语言学、符号学的角度难以阐释多模态话语背后特殊的社会情境和历史内涵，因此，多模态话语分析需与其他研究方法相结合，如互文性理论、认知语言学、语料库语言学以及批判性话语分析等。

第二章 英语教学的理论基础

第一节 英语语言教学的理论基础

Hawkins(1981)提出较为正规的语言教学大概始于19世纪初，而它的发展与语言学研究的演变密切相关。不同的语言学理论如传统语法、历史语言学、结构主义语言学、转换生成语言学、功能语言学、交际能力理论等对于外语教学都有一定影响，其中传统语法、结构主义、功能主义、交际理论等观点对现代语言教学直接或间接地产生很大影响。

一、传统语法——语法翻译法

传统语法以希腊和罗马语法为基础，是20世纪现代语言学发端以前对语言的描写。它注重语言的正确性、规约性和优雅性等。1880年以前，古典语言（古希腊语和拉丁语）教学在欧洲一直占主导地位，其教学目的主要在于阅读古典文献，因为人们已经不再使用这种语言进行交际。语言教学以语法为主，以教师为中心，语言学习主要涉及通过大量翻译练习进行语法规则记忆，要求学生掌握语法和大量单词，但并不注重其发音，这就是语法翻译法。到了20世纪中期，语法翻译法逐步发展成译读法，该方法适当注重发音的教授和练习，强调阅读能力的培养，但语法教学作为阅读和翻译的前提，仍然占据重要地位。

在语法翻译法中，学习外语最主要的任务是语法学习，语言知识以语法点和例证形式呈现，教师以教材为蓝本，解释其中的语法点和术语；学生熟记具体的规则和例子，借助双语词典翻译词、短语、句子等。一般说来，课堂讲授经历三个阶段：讲授词法、句法；采用演绎法讲授语法规则（如先讲一下语法规则的构成和用法，再举几个例子说明，并把例句译成母语；进行语法练习等）。可见，语法讲解、记忆以及目标语与母语之间的对译成为最主要的教学活动。因此，各种语法概念如主语、谓语、宾语、格、体等对于师生来说耳熟能详。这种方法的优势在于充分发挥了母语和翻译在教学中的作用，易于操作；同时以教师为中心，比较容易操控课堂。但其局限性也是显而易见的。主要包括以下几个方面：过分重视语言知识的传授，忽视了语言技能（如听说能力）的培养；夸大了语法和母语在外语教学中的作用，教学过分依赖母语；教学过程比较枯燥，所举例句脱离语言实际，容易引起学生厌倦；过于重视阅读和写作，且记忆任务繁重等。后来随着语言学研究的发展,该方法受到其他教学流派的批驳。

二、结构主义语言观

美国的结构主义是共时语言学的一个分支,独立地诞生于20世纪初的美国。传统语法在欧洲一直占据统治地位,而在美国,其影响却微乎其微。此外,在美国最早对语言学感兴趣的学者是人类学家,他们发现印第安人的土著语言没有任何文字记载,当一种土著语言的最后一个使用者死去,这种语言也很快随之消亡,这让他们感觉到在消亡之前记录这些语言的迫切性。从19世纪末到20世纪中期,不论是在自然科学领域还是在人文科学领域都开展着一场结构主义革命。不少学者如帕西(Passy)、斯威特(Sweet)、布龙菲尔德(Bloomfield)等都对语言的结构进行了分析和研究,并提出了自己的观点和理论。结构主义语言学主张把语言作为一个系统来研究,注重语音、单词、句子等语言单位在这个系统中的地位,强调语言学习的目的在于掌握这些成分。

(一)索绪尔与结构主义语言学

瑞士语言学家索绪尔(1857—1913),是现代语言学的奠基人。尽管索绪尔在历史比较语言学,特别是在印欧比较语言学中做出重大贡献而在语言学界崭露头角,但真正使他享有"现代语言学之父"这一美称的却是他在1906年至1911年间为日内瓦大学的学生开设的"普通语言学"课程。1913年他去世之后,他的两位同事根据学生所做的笔记和他所留下来的讲稿整理出了《普通语言学教程》。

索绪尔的理论是从三个方面发展起来的:语言学、社会学以及心理学。在语言学方面,他受到美国语言学家W.D.辉特尼(1827—1894)巨大的影响。辉特尼通过坚持符号的任意性这一概念来强调语言是一种系统,从而把语言学纳入正确的轨道;索绪尔还追随法国社会学家E.迪尔克姆(1858—1917),坚持认为语言是一种"社会行为",将之与个人心理行为严格区分开来;在心理学方面,索绪尔受到奥地利心理学家S.弗洛伊德(1855—1939)深刻的影响,认为"下意识"是具有连续性的。

索绪尔第一个注意到语言的复杂性。他把人类语言看作是一种非常复杂而且异质的现象。即使是一个简单的言语活动,也包含着要素独特的分布,并且可以从许多不同的甚至是互相冲突的角度去考虑。人们可以关注导致一个人在交谈过程中发出一系列声音的知觉环境。人们可以去试图分析是什么让说话者和听话者能够相互理解,找出他们赖以交流并且早已熟悉的语法和语义规则。或者,人们可以追溯语言的历史,看看这些特定的形式早在什么时候就得以通用。

索绪尔主张把语言和言语这两个不同的概念区分开来。他认为语言是抽象的语法规则系统和词汇系统,它是社会产物,不从属于某一个人。言语是说出来的话或写出来的文章,是由个人通过运用语法规则将语言单位组织起来的结果,因此言语是语言的具体体现,而语言则是言语的抽象。虽然言语是可以直接接触到的素材,但语言学的研究对象却应是语言。他主张将内部语言学和外部语言学区别开来。他认为社会与历史等因素不会触动语言的内部系统。在他看来，语言学就是一门研究语言内部系统的科学。

他主张将共时性的研究同历时性的研究区分开来。在他之前，人们研究语言往往是纵向地追溯语言的历史，从历史的角度来解释语言现象，甚至有人认为唯有历时性的研究才是科学的。索绪尔认为对语言进行共时性的研究，即对语言做出静态描写也是一门科学，而且还优于历时性的研究，因为对说话的大众来说，历史变化是很少在考虑之列的。

索绪尔认为语言符号在构成关系系统时存在于两种关系之中，即组合关系和聚合关系之中。组合关系与语言成分的线性排列次序是一致的，而聚合关系则是以语言项目中一定成分的选择为条件的。

索绪尔认为语言是一套规则体系，而不是具体的材料。规则体系是相对固定的，约定俗成的，是语言学的研究对象[1]。

索绪尔对现代语言学的贡献还在于他确立了语言学作为一门独立的学科所必需的特点。他在《普通语言学教程》的结尾处指出："语言学的唯一的真正的对象就是语言和为语言而研究的语言。"虽然这段话的后半部分尚有争议，但它确定了语言学研究的对象和相应的研究方法，明确了语言学成为一门学科所需的特点，后来涌现出的各种学说和流派都直接或间接地受到这些观点的影响。

（二）布龙菲尔德的理论

布龙菲尔德（Bloomfield）（1887—1949）是美国描写语言学的首要代表。他是美国语言学研究历史上的一位标志性人物，以至于1933~1950年这段时期被众人称作"布龙菲尔德时代"，也正是这个时期，美国描写语言学开始正式形成并迎来了它的最初发展阶段。布龙菲尔德的《语言论》（1933）一度被大西洋两岸同时奉为科学的方法论之典范以及语言学方面最伟大的著作。在布龙菲尔德看来，语言学是心理学的分支，并且特别指出是心理学中带有实证论特征的行为主义的分支。行为主义是一种科学研究方法，其理论基础是认为人类无法认识他们所未经历之事。从行为主义的语言观出发，儿童对语言的学习是通过一连串的"刺激—反应—强化"来达到的，而成年人对语言的使用也是一个"刺激—反应"的过程。当行为主义者的方法论通过布龙菲尔德的著作进入语言学研究以后，在语言学研究中普遍的做法就是去接受、理解一个本族语使用者用他的语言说出的语言事实本身，而丢弃他对其语言所做的评论。这是因为只有观察了没有准备的、由说话人自然陈述的话语而做出的语言描写才是可靠的；相反，如果一个分析者通过询问说话者诸如"你能否用你的语言说……"之类的问题得到的语言描写则是不可靠的。

布龙菲尔德还谈到语言学对语言教学的应用，并对传统语法提出批评。他指出;18、19世纪的语法学家大都是在为英语制定"英语应该如何"的规则。其实，所有的变体都是真正的英语。他还认定，那些传统的语法学家大都是规定性的，企图用哲学概念规定语

---

[1] 张红玲. 跨文化外语教学 [M]. 上海：上海外语教育出版社，2007.

言范畴，因此是教条主义。这样，在语言教学中，首先应该教发音，而不是过多地去注意文字形式。关于美国的外语教学中流行的实践法，他认为学习一门语言需要不间断地在真实情景中实践与反复，而不是去教授学习者学习语法理论。那些传统的方法不仅给学生造成疑惑，而且不符合经济的原则，不会给学习者很大的帮助。

（三）乔姆斯基的转换生成语法

20世纪50年代，以乔姆斯基为代表的语言学家在美国掀起了一场语言学革命。这场革命对语言学界影响之深、波及面之广都是前所未有的。一位语言学家这样写道：他的理论可能为人们所接受或拒绝，但不能为人们所忽视。乔姆斯基的理论不但影响语言学界，而且对认知心理学、计算机科学、二语习得理论都有重要的影响。

乔姆斯基的理论被称为转换生成语法。如果我们把乔姆斯基1957年出版的《句法结构》作为他的理论诞生的标志，在差不多半个世纪里他的理论经历了五个发展阶段，乔姆斯基不断修改自己的理论，使之更具解释性和符合经济的原则。

乔姆斯基认为，语言是一种行为，它像人类的其他行为一样受规则的支配。人们利用语言规则，可以用有限的基本语言单位去构造无限数量的、复杂的语言句子。人们学习语言并不是学会某个特定的句子，而是运用规则去创造和理解新的句子，这些句子可以是我们以前没有说过或看过的。规则性和创造性是语言的两个重要特征。

乔姆斯基在TG中提出了句子的双重结构理论。他把句子结构分为表层结构和深层结构。表层结构是指句子的形式，深层结构是指句子陈述的意义。在TG中，句法规则占据核心地位，它包括短语结构规则（重写规则）、转换规则（包括移位、删略、添加）等。在乔姆斯基看来语言生成地过程就是从深层结构到表层结构地转换过程，转换是按照转换规则来完成的。乔姆斯基在研究语言中发现儿童学习母语有其独特的地方。虽然儿童接触到的语言结构较为简单，且他们的生活条件会有差异，智力上也存在差别，但一般到了五六岁他们都能掌握母语。根据这些发现，乔姆斯基提出了语言习得理论。按乔姆斯基的理论，语言具有天赋的基础。儿童能够习得语言，而动物不能学会人类的语言，是因为儿童具有与生俱来的语言习得机制。乔姆斯基称这种人类机体的天生属性为"普遍语法"。这种普遍语法是由乔姆斯基称之为原则和参数的抽象系统组成的，普遍语法原则体现了语言的一致性，而普遍语法参数的赋值则决定了语言结构的差异性。因此，各种语言之间的差别在一定程度上可以归结为参数的不同设置。儿童说英语还是汉语，取决于他所处的语言环境和接收到的语言输入，因为某一特定语言的输入能使习得者设置使用某一语言的参数。

三、功能派的语言观

使语言学在英国成为一门公认的科学的是约翰·鲁伯特·弗斯。1944年他成为英国第一任语言学教授。伦敦的大多数大学的语言学教师都是弗斯的学生，他们的作品都反映了弗斯的观点。弗斯主要受到人类学家 B. 马林诺夫斯基的影响。继而，他又影响了他的学生——著名的语言学家 M.A.K. 韩礼德（Halliday）。他们三人都强调"情景语境"和"语言系统"的重要性，因此被称为系统语言学派和功能语言学派。

（一）马林诺夫斯基的理论

马林诺夫斯基自 1927 年开始一直在伦敦经济研究学院任人类学教授。他所创立的理论中，最重要的方面就是有关语言的功能理论，这与他纯粹的人类学研究有着明显的区别。在马林诺夫斯基看来，那种把语言视为"将思想从说话人的大脑传递给听话人的大脑的手段"是一种引入歧途的说法。他说，语言"应该被看作是一种行为模式，而不是与思维相对应的东西"。按照马林诺夫斯基的观点，话语的意义并不来自构成话语的词的意义，而是来自话语所发生的上下文之间的关系。马林诺夫斯基的主张主要基于如下两种观察。第一，在原始社团中，因为没有文字语言，所以语言只有一种用途。第二，一切社会中儿童都是以这种方式学会语言的。马林诺夫斯基巧妙地比喻道，在儿童看来，一个名称对他所代表的人或物具有某种魔力。儿童凭借声音而行动，周围的人对他的声音做出反应，所以这些声音的意义就等于外界的反应，即人的活动。

马林诺夫斯基认为，话语常常与周围的环境紧密联系在一起，并且情景语境对于理解话语来说是必不可少的；人们无法仅仅依靠语言的内部因素来分辨话语的意义；口头话语的意义总是被情景语境决定着。马林诺夫斯基还区分了三种情景语境：①言语与当时的身体活动有直接关系的环境；②叙述环境；③言语仅被用来填补语言空白的环境——寒暄交谈。就第一种语言环境来说，马林诺夫斯基指出一个词的意义并不是由其所指的自然属性所给予的，而是通过其功能获得的，初学者学习一个词的意义的过程不是去解释这个词，而是学会使用这个词；同样，表示行为的动词，通过积极参与这个行为而获得意义。对于第二种语言环境，马林诺夫斯基进一步区分了"叙述本身所处的当时当地的环境"和"叙述涉及或所指向的环境"，第一种情况"由当时在场者各自的社会态度、智力水平和感情变化组成"，第二种情况则通过语言所指来获得意义（例如神话故事中的情境）。马林诺夫斯基坚持认为，尽管叙述的意义与语言环境没有什么关系，但却可以改变听话人的社会态度和思想感情。第三种语言环境是指一种"自由的、无目的的社会交谈"的情况。语言的这种用法并不是说与人类活动最无关，其意义不太可能来自使用语言的环境，而只能来自"社会交往的气氛……谈话者之间的私人交流"。例如一句客气话，他的功能与词汇的意义几乎毫不相干，马林诺夫斯基把这种话语称为"寒暄交谈"。

马林诺夫斯基在他 1935 年发表的《珊瑚园及其魅力》一书中进一步发展了他的语义学理论，并且提出两个新的观点。第一，他规定了语言学的研究素材，认为孤立的词不过是臆造的语言事实，不过是高级语言分析过程的产物。在他看来，真正的语言事实是在实际语言环境中使用的完整话语。第二，如果一个语音用于两种不同的语言环境，则不能称之为一个词，应该认为是两个词使用了同样的声音或是同音词。他说，要想规定一个声音的意义，就必须仔细研究它被使用时的环境。

（二）弗斯的典型情景语境

弗斯的研究则像马林诺夫斯基一样把情景语作为研究的重点。他对情景语境的定义包括整个言语的文化背景和个人历史，而不仅仅是语言所处的语境中人们所从事的活动。弗斯发现，句子是变化无穷的，于是他提出了"典型情景语境"这一概念。这样，很多判断就可以用它来解释。对于典型情景语境，弗斯解释道，社会环境决定了人们必须扮演的社会角色，因此典型情景语境也是有限的。基于这个原因，弗斯说"与大多数人们所想象的不同，谈话更像一种大体上规定好的仪式，一旦有人向你说话，你则基本上处于一种规定好了的语境，你再也不能想说什么就说什么"。于是，弗斯还进行了更为具体和详细的语境分析。他提出在分析典型情景语境时，应同时考虑到篇章的情景、语境和语言语境。

1. 篇章本身的内部关系

（1）结构的成分间的组合关系；

（2）系统中的单位的聚合关系。

2. 情景语境的内部关系

（1）篇章与非语言成分之间的关系，以及它们总的效果；

（2）篇章中的"小片段"和"大片段"（如词、词的部分、短语）与环境的特殊组成成分（如项目、物体、人物、性格、事件）之间的分析性关系。

弗斯对语言学的第二个重大贡献就是他的韵律分析法（prosodic analysis），也称韵律音系学（prosodic phonology），这是他于1948年在伦敦语言学会上提出的。英文prosody这个词在这里有着特殊的意义。人的话语是一个连续的语流，至少由一个音节组成，不能被切分为若干独立的单位。在这个语流中，要想分析各个层次上的功能，仅靠语音描写或音位描写是远远不够的，这是因为音位描写实际上只探讨了聚合关系，没有考虑组合关系。弗斯指出，在实际话语中构成聚合关系的并不是音位，而是音声单位。音声单位比音位的特征要少一些，因为有些特征是一个音节或短语（甚至句子）中的音位所共有的。这种共有特征归到组合关系中去，统称为韵律成分。

弗斯没有给韵律成分下定义，但是他的论证中描绘了韵律成分的组成，包括重读、音长、鼻化、硬腭化和送气等特征。总之，这些特征不单独存在于一个音声单位。

强调"多系统"的分析并不意味着忽视结构的分析。事实上弗斯非常重视组合关系。他认为，分析话语的基本单位不是词，而是语篇，而且是在特定环境下的语篇。把语篇拆成各种层次是为了便于研究。各个层次是从语篇中抽象出来的，因此先从哪一个层次下手都无关紧要。但是，不论先研究哪一个层次，都必须分析语篇的韵律成分。

韵律分析和音声分析都考虑到基本相同的语音事实。但是，在材料归类和揭示材料的相互关系上，韵律分析就显得优越得多。韵律分析能够在各个层次上发现更多的单位，并且力图说明这些不同层次上的相互关联单位。

（三）韩礼德的系统功能语法

M.A.K. 韩礼德（1925—）在伦敦学派中继承和发展了弗斯的理论。他的系统功能语法是一种具有社会学倾向的功能语言学处理方法，是20世纪最有影响力的语言学理论之一，同时也影响到和语言相关的不同领域，如语言教学、社会语言学、话语分析、文体学和机器翻译等。

系统功能语法有两个组成部分：系统语法和功能语法。它们是语言学理论整体框架中紧密相连不可分割的两个部分。系统语法的目标是要说明语言作为系统内部底层的关系，它是与意义相关联的可供人们不断选择的若干子系统组成的系统网络，又称"意义潜势"。功能语法的目标是要说明语言是社会交往的手段，其基础是语言系统及其组成成分，又不可避免地由它们所提供的作用和功能决定。

在韩礼德的早期著作中，他通过观察儿童语言发展提出语言有七种功能：工具功能、控制功能、表达功能、自指性功能、教导功能及想象功能。随着儿童的语言逐渐向成人语言靠拢，这些微观功能就让位于了宏观功能。宏观功能包括三大类，即概念功能、交际功能和语篇功能。概念功能描写句子的语义内容；交际功能描写说话者是怎样通过相互作用来影响对方从而达到交际效果的；语篇功能描写信息结构。概念功能主要由经验和逻辑两个系统构成。经验系统要解决意义的选择问题，这主要是由及物性系统来完成的。及物性表示动词的"过程"和所涉及的人或物之间的关系。逻辑系统处理并列、从属和同位结构中结构成分之间所具有的不同逻辑关系。

交际功能由交互作用和人物两个系统构成。交互作用系统在于描写说话者是如何在交际中相互沟通，并且是怎样通过某种约定俗成的方式来影响对方的行为，以达到一定的交际效果的。交互作用是由语气系统（通过不同的语调来表达不同的语用和言外之意）来实现的。人物系统描写说话者的情态意义，即说话者对命题的看法和评价（如可能、大概、一定等）。

语篇功能主要解决主位构造、句子命题的信息结构以及句子内部或句子之间的衔接问题。系统语法把句子的主位结构分为两个部分：主位和述位。主位位于句子之首，述位随后，这是一种常见的句序，因而被称为无标记形式。相反，述位在前主位在后的句序称为有标记形式。系统语法认为主位不但可以由主语来体现，还可以由谓语、补语、助动词等来体现。信息结构指篇章中已知信息和未知信息的排列问题。所谓已知信息是指说话者认为听话者可以从前面的内容中推断出来的信息，而未知信息是说话者认为听话者不能从前面的内容中推断出来的信息。一句话中未知信息是必不可少的，而已知信息则可有可无。信息的不同组合方式构成了句子的不同信息结构。衔接指语篇中结构成分之间的连接关系。衔接通过语法手段、词汇手段和其他手段来实现。语法手段有"指代""省略""连接"等；词汇手段有词汇链条、同义词、反义词、上下义词等。具体地讲，"连接"又可分为四种逻辑关系：添加、转折、因果和时间。

语言使用者一旦在概念、交际和语篇三大功能系统中选择了适当的项目，就要在词汇语法部分选择相应的词语并把这些词语排成一定的序列。这样，说话者的意义就通过语义和词汇语法两个层次最后进入到音系层次。音系层次用适当的语调、重音等来体现语言使用者的意向选择。所以，系统功能语法把语言分成五个层次：语境、意义、遣词、音的结构和语音。意义是中心层次，也是一个系统，说话者只能在意义系统中选择恰当意义，这个意义是受语境调节的。调节后的意义由词汇来体现，词汇受语法系统的控制，所以词汇要按照语法要求排成一定的序列；然后进入音的结构系统，该系统决定语调、重音以及发音等。系统功能语法就是这样一种对语言系统进行描写的语法。

韩礼德对语言功能的论述从另一个角度去看待语言本质，加深了语言学界对语言地理解，也为人们此后建立功能—意念教学流派（或称交际法）提供了理论依据。一些学者从语言的社会交际功能出发，探讨语言使用者和语言使用的理论。海姆斯是此方面的一位代表人物，他针对乔姆斯基的两个概念"语言能力"和"语言运用"提出了他自己的"交际能力"概念。

（四）奥斯汀的言语行为理论

言语在社会交际中起着什么作用，这不是一个可以用一两句话就回答得了的问题。言语有控制他人行为的作用（如可以说："To you…now up a bit…"要求别人把某物抬高一点），有影响他人思想的作用（如在演讲时），也有表达信息和情感的功能（如可以说："What a lovely day!"以表对天气的赞赏）。英国语言哲学家奥斯汀（Austin）从讨论言语的作用和功能出发，提出了他的言语行为理论。他主张在研究话语的意义时不应只注意一些离开上下文而引述的陈述句，如"Snow is white."这样的话语，而要注意话语使用时的作用。就句子的作用而言，奥斯汀认为，不同种类的句子有不同的功能。陈述、报告、描述事物是一些句子的作用，但有另一些句子是被用来施行某种行为的。奥斯汀区分了两类话语：叙述句和行为句。叙述句是可以验证的，即可以是真实或错误的陈述，"Chicago is in the United States."是叙述句；而行为句则可以施行行为或用来做事，如"Look out, the train is coming."能作为警告使人注意火车到来。

奥斯汀用了四个著名的例子来说明行为句：

（1）"I do."（用于结婚仪式过程中）

（2）"I name the ship Elizabeth."（用于命名仪式中）

（3）"I give and bequeath my watch to my brother."（用于遗嘱中）

（4）"I bet you six pence it will rain tomorrow."（用于打赌）

这四个句子都说明说话人在说这些话的时候并非做什么陈述和描写，而是在实施某一种行为，或者说是在完成某一动作，如结婚、命名、遗嘱、打赌。在日常用语中，也大量存在这种情况，如"I promise...", "I warn...", "I apologize...", "I welcome..."等，这话就分别在实施"许诺""警告""道歉""欢迎"等动作。

这就使言语出现了两种情况：一种是"言有所叙"，另一种是"言有所为"。语言学家们在对"言有所叙"和"言有所为"进行大量研究（包括如何区分、如何设置言有所为的前提条件等）之后，奥斯汀终于发现"言有所述"归根到底也是"言有所为"，就是说，陈述也好，描写也好，它们也是说话人的一种行为。于是，奥斯汀致力于建立一种新的模式来解释人们通过言语来实施的各种行为。

这种新模式认为发话人在说话时同时实施了三种行为：言内行为、言外行为和言后行为。

言内行为："说话"本身的发言，它的声音中的词汇和语法结构，以及声音中的意义，这就是以言指事。

言外行为："说话"本身也可能正在做出允诺，或提出警告，即话语的施为方面，一般来说，施为性言语行为是我们在一定的语境中在说了某些词语时实施地。

言后行为：是指说话带来的后果，通过我们的言语，我们使听话人受到了警告，或者使听话人接受规劝，不去做某一事件，或者使听话人去做了我们想要他去做的事等。

其区别在于，言内行为是通过说话表达字面意义，言外行为是通过字面意义表达说话人的意图[2]。说话人的意图一旦被听话人领会，便可能带来后果或变化，这便是言后行为。

虽然奥斯汀提出的行为理论，有一些看法还不是很成熟，但他的理论在语言学界引起了巨大的反响，并被一些学者如美国语言学家塞尔等发展。塞尔把奥斯汀的理论提升为一种解释人类语言交际的理论。他对说话人如何根据一定规则来施行自己要想要做的事做了较多的工作，并对言语行为进行了较系统的分类。他把言语行为分为五类：受约句、陈述句、指令句、表情句和表述句。其他一些学者对言语行为的功能分类也有自己的模式，显现出自己的特点。

言语行为理论对语言学和语言教学的发展都有着重要的影响，意念大纲的诞生与言语行为理论有着密切的关系。在语言教学和大纲设计中，言语行为经常被称为"功能"或"语言功能"。

第二节 英语教学法的理论基础

外语教学法是外语教学过程中的一个重要成分，是为完成教学任务、实现教师怎样教、学生怎样学以及师生相互作用所采用的方式、手段和途径。各类教学理论在见解方面相互借鉴，理论内容互相融合。语言教学史上，曾先后出现过许多英语教学法理论，如今我国仍在使用的有语法翻译法、情境法、认知法、交际法等。除此之外，还有我国学者自创的一些英语教学法。

---

2 刘小琴.应用型本科大学"英语语言学"教学存在的问题与对策[J].英语教师，2018，18（07）：56-58.

一、语法翻译法（Grammar translation Method）

（一）产生背景

语法翻译法起始于十八世纪末的欧洲，它是随着现代语言作为外语进入学校课程而形成的第一个有影响的外语教学方法体系。

从 16 世纪到 18 世纪，拉丁语是欧洲学校中的一门重要课程。其时，拉丁语已不再用于日常口头交际，它之所以受到普遍重视，原因有二：首先是在文艺复兴时期崇尚古典文化、艺术的背景下，学习拉丁语是阅读拉丁语文献、继承文化遗产的重要途径。此外，18 世纪在德国形成的官能心理学认为，心灵具有不同的官能（即能力），它们是心理活动的心灵力量。它认为官能可以相互分离，孤立地加以训练。受官能心理学的影响，西方教育学中出现了所谓"形式训练说"。它认为某些学科具有训练一种或几种官能的特殊价值。拉丁语被认为具有最严密、最有逻辑性的语法体系。因此，学习拉丁语被认为是训练推理能力及观察、比较和综合能力的良好方式。这样的教学目的决定了拉丁语教学法的两个重要特点，即重视阅读能力地培养和重视语法教学。

18 世纪现代语言作为外语进入学校课程后，其教材编写和教学方法都大体继承了拉丁语教学法的特点。到十八世纪末和十九世纪中期，这种以拉丁语教学法为基础的现代语言教学法——语法翻译法便基本形成，并在相当长的时期内成为欧洲外语教学的主要方法。

（二）主要特点

19 世纪的语法翻译法在教材编写和教法方面有以下几个特点：

1. 重视书面语，轻视口语

语法翻译法把口语和书面语分离开来，把阅读能力的培养当作首要的或唯一的目标。口语教学局限于让学生掌握单词的发音。用本族语组织教学、以笔头形式举例和练习，这些做法使口、笔语的分离不给教学过程带来很大障碍，让学生有可能在不具备起码的听、说能力的条件下独立地发展阅读和翻译能力。

2. 重视语法教学

语法被当作是语言的核心，是外语学习的主要内容。语法教学又被当作是智力训练的重要手段，因此，语法翻译法把语法教学当作中心任务。它的教材对语法有详细、系统的描写，并且按照语法体系的内在结构循序渐进地编排，每一课教一个或两个语法项目。不论是分析、讲解、举例，还是翻译甚至阅读，各种教学活动均以掌握本课的语法项目为直接目标，教学效果的评价也以掌握语法的程度为准绳。语法教学采取演绎法，先讲解语法规则，然后在练习中运用、巩固规则。

3. 充分利用本族语，以翻译为主要学习活动形式

教师用本族语组织教学，进行讲解。学生的学习活动除了背记、阅读外，主要是通过本族语和外语之间的互译来试用、巩固所学的规则和词汇。教材中每个语法项目都配有相

关的翻译练习。

4. 句子是教学和练习的基本单位

19世纪语法翻译法的倡导者为了使外语学习易于进行，用句子取代了拉丁语教学法中艰深的语段材料。

随着外语教学新思潮、新流派的出现，实践中的语法翻译法也在逐渐改进。例如，从早期的完全不进行口语训练向兼顾听说训练发展；从完全利用本族语组织教学向适当使用外语课堂用语转化等。但是，这些改进并没有改变它的上述特色。

二、情境法（Situational Language Teaching Approach）

（一）情境教学法简介

情境教学法也叫视听法，主要针对听说法脱离语境、孤立地练习句型、影响学生有效使用语言能力培养的问题。20世纪50年代在法国产生了情境法。情景教学法是教师根据课文所描绘的情景，创设出形象鲜明的投影图画片，辅之生动的文学语言，并借助音乐的艺术感染力，再现课文所描绘的情景表象，师生就在此情此景之中进行着的一种情景交融的教学活动。在情境教学法中，语言被看作是与现实世界的目标和情景有关的有目的的活动。这种教学法对视觉辅助物依赖性很强，教师利用多媒体创造情景，新的语言点通过情景进行教学和操练，这样的教学法往往会让学生产生一种身临其境的感觉，同时还会激发学生学习英语的积极性和热情，帮助学生更为准确和牢固地完成对于英语知识点的记忆。

通过获得有价值的感性材料，可以实现英语教学理论与实践的有机结合，为英语的语言知识学习提供良好的条件。在外语教学中，良好的语言环境往往对于英语的感知起到很大的促进作用。情境的创设能够加速外语与事物的联系，有助于学生理解所学语言；重视整体结构的对话教学，使课堂变得生动活泼，学生学得自然，表达准确。但是情境法的不足之处是在运用过程中，通过情景操练句型，在教学中只允许使用目的语而完全排除母语，这不利于对语言材料的彻底理解；教师若过分强调整体结构感知，就无法保证学生对语言项目的清楚认识。

情境教学法是教师根据课程内容，利用实物、图片、电教设备、动作表演及学生的真实心理，要求学生根据实际情景进行交际学习，面对复杂多变的因素做出独立地判断和灵活地应对。它的核心在于激发学生的情感，方法是在教学过程中，教师有目的地引入或创设以形象为主体的，并具有一定情绪色彩的生动具体场景，从而引起学生的态度体验，进而帮助学生理解教材，使学生的心理机能得到发展的教学方法。

它的基本步骤是：提出情境，学习语言；听说领先，反复操练；书面练习，巩固结构。在整个教学过程中，教师不但是语言楷模，而且还是教学活动的设计者和指挥官。作为语言楷模，教师要以正确的、地道的英语设计学习的情境，教师的语言是学生模仿的标准。作为课堂活动的设计者和指挥官，教师要组织和控制所有的课堂活动，同时要在教学中观察学生的错误，然后考虑下一课应如何设计教学以便帮助学生改正错误。在情境法的课堂上，英语是教学语言，教师应用英语组织教学、解释语言项目和布置课下作业。但在解释语言词汇或结构时，如碰到一些难以解释的项目，教师也可使用母语讲解，但教师不鼓励学生使用母语。

（二）情境教学法在教学中的应用

教师首先根据课本中提供的图画（情景）向学生说明将要学习的内容，接着是听力训练：听对话或课文的朗读（或录音）。由于教师要求学生合书而听，因而在这一阶段，学生只接触到声音符号和图画提供的信息，没有与文字符号打交道。然后，教师开始对课文或对话进行讲解，并要求学生明白新的词汇和语法结构。教师用英语解释，但碰到特别困难的词汇和结构时，也可用母语讲解。在学生理解课文内容的基础上，教师指导学生对课文的重点结构进行操练。操练时，教师向学生提供一定的语言线索或情景，控制操练的内容，学生则按要求口头操练不同的语言结构。

三、认知法（Cognitive Approach）

认知法是外语教学的一种方法，所依据的观点是，语言学习是主动的心理活动而不单是形成习惯的过程。它强调学习者在运用和学习语言特别是学习语法过程中的积极作用。

认知法的教材按有利于培养学生发现和理解语言规则的原则来设计。教材中包括反映外语在不同情景中使用的电影、录像和录音等材料，以便让教师在教学时能对不同的语言结构进行不同形式的操练并创造外语环境让学生进行交际的操练。

认知法认为，在外语学习中，教学活动应以学生为中心，只有激发学生对外语的兴趣，激起他们学习上的动力，教会他们正确的学习方法，他们才能积极、主动和有创造性地学习外语。因此，在外语教学中教师是导师，引导学生解决学习上的问题，引导学生发现语言规则，创造情景让学生操练语言规则。学生是外语的积极使用者，他们在教师的指导下，发现语言规则、理解语言规则并在大量的交际活动中创造性地运用这些规则。

四、交际法（Communicative Approach）

交际法又称功能法或功能—意念法，产生于20世纪70年代初期的西欧共同体国家。交际法是人们深入研究语言功能的结果，标志着在外语教学中人们开始从只注意语言形式和结构的教学转向注意语言功能的教学。

（一）交际法简介

交际教学法是由威尔金斯提出的，其历史可以追溯到20世纪60年代。威尔金斯指出交际能力不仅仅包含语言知识，还应包括语言运用的能力，尤其应该注意语言运用的得体性，它包括对交际时间、交际场合、交际话题、交际方式等诸多因素的灵活把握和运用。

交际教学法使语言教学观发生了革命性的变化，在外语教学中发挥了巨大的作用。它提倡以语言功能项目为纲，强调在语言运用中学习语言，从而实现培养交际能力的教学目的。传统的英语教学，以教师为中心，采取"满堂灌"形式，忽略了学生语言技能的培养，这种教学越来越多地表现出与实际要求的脱离。交际教学法在师生共建的课堂互动模式中给学生提供更多使用语言的机会，在继承传统教学法合理成分的基础上，将学生能够运用英语语言能力作为学习的目的。它强调交际的过程，认为有没有一个具体的目标和明确的结果并不重要。交际教学法认为语言是实现交际目的的手段，但是仅仅具有听、说、读、写能力并不一定就能准确表达意念和理解思想，因为语言的交际功能受制于语言活动的社会因素，因此教学过程就必须交际化。这就意味着要尽可能避免机械操练，而应该让学生到真实的或接近真实的交际场合进行练习，感受情景、意念、态度、情感和文化修养等因素如何影响语言形式的选择和语言功能的发挥。因此，老师应该借助课堂或者多媒体教学多为学生创造、提供交际情景和场合。在真正意义上实现"用语言去学"和"学会用语言"，而不是单纯的"学语言"，更不是"学习关于语言的知识"。

（二）交际教学法的特点

交际途径有两个基本观点。①外语学习者都有他特定地对外语的需要；②语言是表情达意的体系，而不仅仅是生成句子的体系，社会交际功能是语言的主要功能。因此，交际途径的教学目标在于培养学生在特定的社会环境中使用外语进行交际的能力。为了实现这个目标，交际途径在设计大纲和选择教学活动方面采取了以下措施。

1. 分析学生对外语的需要

在制定教学大纲时，首先分析学生对外语的需要，弄清楚这个学生为什么来学外语？他将来要在什么样的情景中使用外语？他将来用外语来进行什么样的活动？通过对学生需要地分析，就能知道这个学生需要掌握什么样的语言功能、什么样的文体和什么样的语言形式，并以此为依据制定出相应的教学大纲。这样的大纲能使学习者掌握他所需要的所有语言功能和形式，同时又避免学习他所不需要的内容。由于交际途径对学生需要的重视，因而"需要分析"已成为一个独立的研究课题，并在学生的需要分类、确定需要方法等方面进行了许多工作。

2. 以意念、功能为纲

交际途径认为，以语法或情景为线索组织教学内容忽视学生的特殊需要，难以培养交际能力，且有许多副作用。交际途径在其形成之初主张以学习者所要表达的内容，即意念为线索，认为这样的意念大纲更能适应学生的具体需要，更利于培养使用语言的能力。意念大纲的一种形式是以语言使用者通过使用语言来实现的交际功能，即功能大纲。交际途径的第一份具体的教学大纲正是以语言的交际功能（包括"传递和获取事实信息""表达或了解理智性态度""表达或了解情感性态度""表达和了解道德态度""使人做事""社交"等六部分）为线索组织教学内容的大纲。以意念、功能为纲的思想是交际途径的核心，因此，交际途径也被称为"意念、功能途径"或"功能途径"。

3.教学过程交际化

大纲的制定、教材的编写不是一个完整的教学体系的全部内容，交际能力的培养最后还必须在课堂教学中实现，教学过程的交际化也是交际途径的一个重要组成部分。它主要体现在以下几个方面：

（1）以语段为教学的基本单位。语言材料的选择力求真实、自然；

（2）以学生为中心，教师的重要作用是提供、组织各种活动，让学生在各种活动中学习外语；

（3）教学活动以内容为中心，大量使用信息转换、模拟情景、扮演角色、游戏等活动形式；

（4）对学生的语言错误采取容忍的态度，不以频繁的纠错打断学生连续的语言表达活动。

五、任务型教学法（Task–based Approach）

（一）任务型教学法简介

任务型教学（Task-Based Language Teaching，简称 TBLT）是 20 世纪 80 年代外语研究和实践提出的一个具有重要影响的语言教学模式。该教学就是以具体真实的任务为学习动力或动机，以完成任务的过程为学习过程，以展示任务成果的方式来体现教学的成就，从而培养学生运用英语的能力。威利斯在他的《A Framework for Task-based Learning》中阐述了任务的含义。他认为，任务就是学习者运用目标进行交际的一种活动，最终达到习得语言的目的。而语言学家把任务的定义概括为：交际任务是指学生在学习语言的过程中领悟、使用、输出语言和互动的课堂交际活动。其实，对于任务型教学法中任务的定义，不同的学者从不同的角度进行了不同的诠释，但有一点是一致的：任务都涉及语言的实际运用，在完成任务的过程中，人的注意力主要集中在语言的意义而不是语言形式。然而，在此，笔者想将外语课堂上任务这一概念看成学习者用目的语所进行的促进语言学习的，涉及信息理解、加工，或解决问题、决策问题的一组相互关联的、具有目标指向的课堂交际或互动活动。

（二）任务型教学法的特点

（1）互动交际性。在自然的任务活动中，运用语言，体现语言的文化特征和差异，实现完成任务。这一特征非常符合孩子的好动的天性，活动任务促使孩子们身体大脑活动起来，文化内容也在交际活动中活跃起来。

（2）活动真实性。真实的活动是最能激发小学生学习兴趣的学习模式，真实的活动一定含有丰富的文化内容，是实现小学生习得与学得的最佳途径[3]。

（3）关注学习过程。语言是任务活动过程的工具，文化内涵包含在语言使用当中，正

---

3 郑雨.大学英语教学中模糊语言学的语用意义分析[J].西部素质教育，2015，1（06）：46.

确地运用语言恰当展示文化决定着任务活动完成的效果。

（4）活动任务与个人经历紧密相连。活动任务总和学生的生活经验紧密相连，这样能够引起学生参与的兴趣并引发他们的思维和想象。一方面使得活动任务更添趣味，引发学生去探寻，另一方面也降低活动的难度，容易让学生获得成就感，保持活动的乐趣，进一步提高了对语言使用的兴趣。通过对从前经历和目的语文化的对比，加深了对两种语言的理解，培养学生对母语文化的感情，和对异族文化的更深刻的领悟，避免盲目崇拜。

六、国内现代英语教学法

20世纪90年代以来，受国外有关理论的影响，我国外语教学呈现以研究教学主体为重点的新趋向，教学活动组织也越来越强调"以学生为中心"的原则。国内英语教学界涌现的一些经验型教学操作模式。

（一）张正东的外语"立体化"教学法

张正东以立足中国国情研究外语教学见长，提出了诸多务实的外语教育思想。张正东的外语立体化教学理论总原则可概括为24个字：自学为主，听读先行，精泛倒置，知集技循，整体多变，用中渐准。

1. 自学为主

首先培养学生自学的能力和愿学的动机；前者主要为拼读能力和语法知识，后者依靠教育作用和师生易位。

2. 听读先行

先听后读，在听读基础上写说或说写；读包含朗读、默读以及理解式学习。

3. 精泛倒置

精读材料少而熟，有若酵母。粗读较多，起巩固作用；泛读多多益善。熟读极少课文，为集中讲授知识准备例子。

4. 知集技循

语言知识集中教授，力求化繁为简；言语技能螺旋循环，在新语境中熟练加深。

5. 整体多变

教学都着眼于整体的语言材料，用整体系统法处理；材料多作变化，保持一定的新鲜信息。

6. 用中渐准

不是一次学完教材的全部内容，而是先学概要，渐次充实；也不要求学多少会多少，而是由粗到细，在使用中逐渐准确、全面。

（二）王才仁的"双重活动"教学理论

1. 双重活动教学理论的主张

双重活动教学理论是王才仁所倡导的一种新型教学模式。王才仁主张教师和学生都是主体，即二主体。教师是教学过程中的引导者和助学者。通过开展师生之间的多向交际和大量的输入和输出帮助学生自主学习。营造良好的学习氛围，更好地发挥学生的主体作用，增强学生的主体意识以达到培养学生的语言交际能力的目的。

（1）课堂教学内容与教学方法。为了保证学生的语言信息输入量足够，教师常结合教材内容，适当增加一些背景知识和阅读任务；为了促进学生言语能力的发展，还有计划地教给学生一些常用生活用语。在教学实践中，始终遵循"英语双重活动教学"理念和原则，灵活运用"双重活动教学"倡导的"五步"教学模式，合理兼收并蓄"任务型"教学和传统教学中的优势成分并在教学中做到了以下几个方面：

①教学中坚持全面训练学生的听、说、读、写四项基本技能，做到听、说、读、写活动地合理安排，练习形式和手段多样化，练习内容综合化和多样化，最终使学生听、说、读、写四种技能互相促进、协调发展。语言教师的第一任务就是要将教材活化成语言交际的原形，既要处理教材承载着的英语自身的信息，又要发掘其中的教学思想的信息，将教材中的英文文字激活为有声有情、有景有意地交际事实，引导学生说真话、做实事，进行真实思想地表达。教师在活化过程中，还要注意提高文化层次，使学生全面地、真实地认知英语语言及言语特点，充分体现课堂教学新颖性。②"英语双重活动教学理论"认为活动是转变教学方式的关键。学生听说读写的技能必须通过有效的活动来培养。因此，教师要精心设计和组织活动，要结合实际和各阶段要求，把教学师生"双主体"、教学内容和教学环境等有机联系起来进行周密地思考，找出最佳结合点，设计出符合学生和教学实际、切实有效、情景交融的活动吸引学生参加，保证活动贯穿教学过程，平均每节课有不少于50%的时间由学生活动。对学生活动的要求也随着他们认知结构和言语能力的增加而提高，以保证学生的活动次数和活动质量逐渐上升。③情景是进行言语交际活动的必要因素。在英语课堂教学中，教师创设一定的语言情景和氛围，使学生在特定的语言环境中去听、去说、去表演，使课堂教学形象化、趣味化、交际化，让学生好像身临其境，倍感亲切，从而能激发每个学生的学习兴趣，调动学生参与课堂教学活动的积极性。激发学生学习兴趣的方法有多种，例如，正确运用挂图、模型、幻灯、投影、录音机、录像（或DVD、VCD）、多媒体等手段，为学生创设交际情景，引起学生无意注意，诱发学生愉快地参与视、听、说、写、思等感观活动，最后达到唤起学生的有意注意，使学生能在自然情景或模拟场景中运用生动活泼的语言进行真实感情的表达和交流。④宽松、愉悦的课堂气氛与语言环境可以使学生减少紧张和焦虑的程度，促进学生轻松、愉快参与课堂活动，充分发挥积极潜能。例如课前播放英语歌曲或英语短诗，课前五分钟让学生用英语做值日生报告或讲有趣的英语故事或猜谜语，或谈谈自己的经历、家庭、朋友、所见所闻等，这样，有助于提高学生口语表达能力，并对其表现给予鼓励和表扬，学生就会对自己更有信心，更积极参与课堂活动。尊重学生的主体地位是"英语双重活动教学"的精髓之一。在英语素质教育教学过程中，教师要以高尚的人格和渊博的学识去感染学生，要以民主、文明的风范去影响学生，用和蔼可亲的态度去鼓励学生克服困难，使学生在愉快的英语学习过程中

学会做人、学会交往、学会学习并形成乐观、积极向上的健康人格。⑤外语是一门实践性很强的课程，既需智慧，更需多练。教师要尽可能地为学生创设良好的英语语言环境，提供更多的练习平台。课后要结合实际组织各种活动，为学生提供展示才能的机会，成立活动小组，开展口语练习活动，排演英语小品，参加"英语角"交流活动，为学生营造立体语言实践活动环境，达到提高学生语言运用能力的目的。⑥在英语教育教学过程中引进了科学的评价机制，遵循公正全面、鼓励、发展、形成性评价（Formative evaluation）和终结性评价（Summative evaluation）相结合等原则；坚持评价结果的全面性，既要反映学生现状又要反映学生发展潜能，如采用教师对学生进行评价、同学与同学相互评价、学生自我评价相结合的合作评价方式，切实形成以形成性评价为主、能激励学生学习兴趣、帮助培养自信心和自主发展的评价机制，促进学生综合运用语言能力的发展以及健康人格的建立，以保证英语素质教育的全面实施[4]。

（2）课堂教学模式与步骤。"英语双重活动教学理论"是一个师生共为主体，以"活动"为灵魂，以培养学生英语素质，最终实现综合运用英语语言以实现初步交际的教学模式。灵活运用"英语双重活动教学"提倡的"五个步骤"是开创英语素质教育课堂的一把金钥匙。实践证明，老师运用这些步骤，学生明了这些步骤的意图，这样教师教得轻松，绝大部分学生学得活泼愉快，教学效果良好。根据教学内容和实际需要，在处理完一个单元的某些环节之后或处理当中，适当设置一些学生感兴趣的"驱动型任务"，让学生先进行准备，然后进行表演或展出活动，更能驱使学生主动积极地运用英语语言做事，从而成为提高英语教学质量的重要环节。

2.双重活动教学理论的影响

双重法是具有中国特色的外语教学理论，它吸收了国外教学理论的优点，体现了我国的外语教学特点。双重法除了有较完备的理论阐述外，还具有操作性强的特点，只要认真学习就能领会其要旨并能根据实际加以运用。

（三）包天仁的英语"四位一体"教学理论

1.英语"四位一体"教学理论背景

这一教学理论首先是从中、高考复习开始，叫作英语"四位一体"中、高考复习教学方法。20世纪70年代末、八十年代初的时候，包天仁开始用"四位一体"的教学方法，并取得了优异的高考成绩，在吉林省连续几年获得了全省单科最高分、平均分和外语专业的第一名，证明这一教学理论比较有效果。从20世纪80年代中期开始，这一教法应用到了中考、高考英语复习中，在全国范围内中学、大学的英语教学实验同时展开，从实践中积累了丰富的经验。

2.英语"四位一体"教学法的教学模式

英语"四位一体"教学法由哪些内容组成，我们可以用"四位一体"教学法的教学模

---

4 黄琼慧.商务英语语言学的理论体系研究[J].开封教育学院学报，2016，36（02）：68-69.

式金字塔来表示。三个主要模式是 Classroom teaching（课堂教学），Out-of-class study（课外学习），Daily revision（平时复习），金字塔顶端是 Exam preparation（考试准备）。这和以上讲述的顺序是相反的，现在把"课堂教学"放到底部。这就是英语"四位一体"教学理论的全部模式。

英语"四位一体"教学理论的基本特征：以知识为基础（Knowledge-based），以学习为中心（Learning-centered），不是以学习者为中心（Learner-centered），以质量为导向（Quality-oriented）和以素养为目的（Faculty-aimed）。

（四）赵平的英语"十字"教学理论

英语"十字教学理论"是一种"透明"教学理论，其十字模式既是"教法"，又是"学法"，是传统的"语法—翻译法"和新潮的"情景—交际法"的折中产物。实践证明：该模式符合中国国情、符合中国人的英语学习规律，是一种"费时较少，收效较高"的英语教学理论。

1. 教学原则

（1）读听领先，写说跟上，全面发展。

（2）突出句法，科学识词，把握语篇。

（3）课前自学，课中共学，课后用学。

2. 教学程序

（1）译（translation），将课文口头或笔头译成汉语。师生朗读课文，并将课文口头或笔头译成汉语（先直译后意译）。然后，作为课堂练习或课后作业，师生再将课文翻译成英语。最后，对照课文，校对、分析、改正回译中的与课文原文有出入的地方。如：上述例句可译为：在一个市场经济中，繁荣的关键因素是公平竞争。但如果竞争超出控制，负面影响不能被忽视。市场经济下的公平竞争是促进经济繁荣的重要因素。但竞争过度，就会造成不容忽视的负面影响。

（2）听（listening），静听课文标准录音。师生首先展开书看着课文静听录音，然后再合上书静听，用心体会母语朗读者的语音、语调、语气及停顿。

（3）读（reading），同步听读课文标准录音。师生边听边读，刻意模仿母语朗读者的语音、语调和语气，力争做到自己的朗读与原声带母语朗读者在音质上、语气上、语调上、停顿上完全吻合。

（4）说（speaking），背诵和口头复述课文。师生凭记忆或借助文字、图表、实物等提示，背诵和口头复述课文。

（5）写（writing），背写和笔头复述课文。师生凭记忆或借助文字、图表、实物等提示，先背写课文后笔头复述课文。

第三节　英语教学的基本原则

一、遵循调动学生兴趣性的原则

兴趣在英语学习中是最好的老师，是推动英语学习者不断前进的最强有力的动力。它在学生认识事物、获取知识、探求真理过程中，能够使学生体验到学习的情趣，从而能够使他们在学习活动中变得积极主动，获得更好的学习效果。对于学习者来说，英语学习的兴趣大小在很大程度上决定着英语学习的成功与否。而学习兴趣又源于学习活动，那么在英语教学中，为激发学生学习英语的强烈愿望与兴趣，就要求教师采取一切可用的方法来实现。

学习者，尤其是少年儿童，具有天然的对于英语学习的兴趣，这是因为他们对新鲜事物和对异国语言与文化的好奇所致。但是，在实际的英语教学中，学生的学习兴趣并未得到很好地维持，教师也未能对学生学习英语的兴趣给予进一步地激发与培养。学习者对英语学习的兴趣来自学习英语的目的、学习活动本身以及由此带来的自信心和成就感。那么英语教师想要激发和培养学生学习英语的兴趣，就应在英语教学中做到以下几点：

（一）充分了解与尊重学生

1. 了解与尊重学生的生理和心理特点

学生在整个学习过程中是作为学习的主体与核心承载者存在的，因此要想培养学生的兴趣，首先要了解学习者的生理和心理特点，在此基础上改变传统的学习方式，让学生通过体验和实践进行学习。传统的英语教学中强调学生在初级阶段要学好音标、语法与词汇，这种做法并不是说没有一定的道理，但是一些教师却把它作为英语教学的全部，这就有些不太合理，因为这种方式的教学很容易导致在英语教学中以教师为中心，使学生处于被动的状态。而实质上，教育应该是一种主动的过程，尤其是作为语言的英语教育，必须通过学习主体的积极体验、参与、实践，以及主动地尝试与创造，才能够在认知和语言能力上获得发展。而教学中这种主动的过程需要建立在了解学习者各方面的基础上。比如，少年儿童在学习英语中具有一定的优势，如模仿力强、记忆力好、心理负担轻、求知欲强、表现欲强烈和具有创造精神等，然而他们在英语学习中也存在一定的弱势，如注意力不易集中，理解能力相对较弱，对单调的重复和机械的训练不甚喜欢等。如果在英语教学中只要求他们学习和理解语言的知识，背语音和语法的规则，那么他们学习语言的优势就被忽视，久而久之，就会导致英语成绩的下降，最终放弃英语的学习。因此，英语教学必须从学生的心理和生理特点出发，遵循语言学习规律，尊重学生的整体和个体的特点，从改变学生的学习方式入手，通过听做、读写、说唱、玩演和视听等多种活动方式，来逐步培养学生的兴趣，尤其是在学习的初级阶段，这一点显得更为重要。

2. 了解和尊重学生感兴趣的问题

在英语教学中除了上述从学生的生理与心理特点出发以外，还可以采取发现和收集学生感兴趣的问题做法，并把这些问题作为设计教学活动的素材。例如，在英语教学初级阶段讲授英文字母时，可以编排英语字母体操来调动学生的兴趣；在教数字时，可以请学生收集自己家里所有的数字，这一活动与学生生活密切相关，学生会比较感兴趣，这样就能很好地调动学生英语学习的兴趣，可以让一节枯燥的数字课上得热闹非凡。

3. 了解和鼓励学生的进步

善于发现学生的进步，多鼓励表扬，这是培养学生兴趣的另一个方法，通过这种方式可以培养学生的自信心和成就感。对于学习者来说，学习的效果可以很大程度地维持其学习兴趣，在英语教学中，教师通过奖品激励、任务激励、荣誉激励、信任激励和情感激励等多种方式，对学生所取得的进步给予鼓励，可以激发学生积极参与、大胆实践、体验成功的喜悦，这样学生兴趣在这种激励中便逐步培养起来了。

（二）加强师生之间的沟通

实践表明，一个学生对于该授课老师的态度极大地影响着其对某一门课程的喜欢程度。英语教学是师生互动的过程，教学中的知识传授和技能培养总是伴随着学生的情绪进行的。好的情绪投入到学习中就会变为一种兴趣和动力。而一个班级的每个学生的背景都是不同的，他们生活的家庭与环境不同，那么如何让每个学生产生好的情绪便成为老师面临的一个问题[5]。本书认为在教学中教师需要严格要求学生，但同时也要给学生创造一种和谐的学习氛围，平等地对待每一个学生，对学生充满爱心，通过各种形式加强与学生的沟通与交流，真心地与学生交朋友，用自己对工作、对学生的热爱去影响学生，而且教师在个性上最好要活泼，富有幽默感，从而赢得学生的尊重与喜欢。师生之间的关系和谐，学生对该门课程的兴趣也就能很轻易地培养起来。

（三）通过教材的挖掘激发学生英语学习的兴趣

教材在英语教学中所处的地位举足轻重，教师要想最大限度地调动学生的积极性，就要在准备教学时认真地研究教材，挖掘教材中的兴趣点，以减少教材的枯燥，保持每节课的新鲜感，保证教学的内容和活动能让学生感兴趣。

（四）改变传统的英语教学与评价方式

在英语教学中要避免太过强调死记硬背、机械操练的倾向。一定的死记硬背和机械操练活动在英语学习中并不是说要禁止，但可以说，这种活动在基础英语学习中还是不可缺少的，只是一定要注意此类的活动不宜太多，尤其是在小学英语教学中。过多的机械性操练很容易导致教学的死板与乏味，容易使学生失去或降低对英语的学习兴趣[6]。因此，在英

5　翁凤翔. 商务英语学科理论体系架构思考 [J]. 中国外语，2009，6（04）：12-17+30.
6　姚丽，姚烨. 英汉文化差异下的英语教学探究 [M]. 北京：中国书籍出版社，2014.

语教学中应努力创设知识内容、技能实践和学习策略需要的情景，以开发学习者学习英语的思维，帮助他们加速英语知识的内化过程，使他们能够在英语交际实践中灵活运用听、说、读、写的知识与技能，最终使英语知识变为自己进行交际的工具。这样，学生不仅能够获得交际能力的提高，同时综合素质也会得到相应的提高，学生的学习兴趣在获得的效果中也会得到巩固与加强。

应试教育中传统的英语评价方式对学生英语的学习兴趣很大程度上有着消极的扼杀作用，这种评价方式应当改变。基础英语课程的评价应以形成性评价为主，采用的操作方式也应该是学生在平时教学活动中常见的，重视学生的态度、参与的积极性、努力的程度、交流的能力以及合作的精神等。这种评价包括学生交流、观察学生的活动、学生的自评、互评等，这些方式都是比较生动活泼的。除形成性评价外，针对学习者不同阶段的考试可以一改往常笔试的形式，采用笔试与口试相结合的方式。这两种方式所考查的知识点不同，但综合起来会比较全面，笔试主要考查学生听和读的技能以及初步的写作能力，口试主要考查学生实际的语言应用能力。

二、遵循以交际性为目标的原则

人们通过语言来交际，而人们学习英语的首要目标就是把英语作为一种语言工具进行交际，那么英语教学的首要目标也要以培养学生的交际能力为主。具体来说，就是学生要能够运用所学的语言知识在不同的场合、与不同的对象进行有效得体地交际。因此，在英语教学中的一个很重要的原则就是以交际性为目标，提高学生的英语水平，使其能用所学的英语与人交流。要达到这一目标应在英语教学中努力做到以下几点：

（一）正确认识英语课程的性质

要想落实交际性目标的原则，首先需要认清课程的性质。英语课是一种技能培养型的课程，在课堂教学中，教、学、用三个方面构成一个有机的统一体，这三者之间是一种相辅相成的关系，其中"用"在这三个方面中处于核心地位。与学习游泳、学习踢足球类似，使用英语进行交际的能力是在使用的过程中培养出来的，只有理论却没有应用，也很难达到预期的目标，因此在教学中应加强英语使用的力度。

（二）创设交际情景

在传统的英语教学中，很多教师只偏重语法结构的正确性，学生通过这种教学并不能具备良好的英语交际能力。要想让学生具备使用英语进行交际的能力，也就是说能够在适当的地点、适当的时间，以适当的方式向适当的人讲适当的话，就应在英语教学中创设情景，开展多种形式的交际活动，以此来提高学生英语语言应用的能力。利用语言进行的交际总是发生在特定的情景之中。情景包括时间、地点、参与者、交际方式、谈论的题目等要素，在某一特定的情景中，某些因素，如讲话者所处的时间、地点以及本人的身份等都制约他说话的内容、语气等。而且，在不同的情景中，同样的一句话也可以表达不同的意义和功能。例如"Can you tell me the time?"这句话可能表示的意思就有两种，一是向别人询问时间，是一种请求的语气，二是可能表示对他人迟到的一种责备。因此，在英语教学中，要把教学的内容置于一种有意义的情景之中，这种做法很有必要。另外，在一定的情景之中进行的英语教学，除了可以让学生充分理解每一句话所表达的意思外，还可以使学生身临其境，提高学习英语的兴趣。因此，英语教学活动要充分结合教材的内容，利用各种教具，来开展各种情景的交际活动，这样对学生和教学都会产生有利的影响，比如可以提高学生学习英语的兴趣，也可以做到学用结合，收到不错的教学效果。另外，也可以设计任务型活动，让学生通过完成特定的任务来获得和积累相应的学习知识与经验，需要注意的是，这些活动需要具有交际的性质，才利于交际目标的完成。

（三）精讲的同时，要多练习

英语教学中的工作主要是讲和练，具体来说，"讲"是指讲授语言知识，"练"是指进行语言训练。在教学中，讲与练相辅相成，都必不可少。适当地讲授一些语言知识对提高英语学习的效果有很大帮助。就如同学习打篮球一样，在开始之前，老师讲解一些注意事项、打篮球的动作要领，这有助于学生篮球训练效果的提高。但英语作为语言工具首先是一种技能，技能只有通过实际训练才能真正获得。因此，对于教学中的讲与练的关系，教师必须要有正确地认识。讲解的目的在于帮助学生更好地训练。而在英语课堂中进行练习时，教师要充分考虑不同学习者的学习能力、理解能力等，然后采取适合于他们的多种形式的语言训练活动，同时在语言训练的过程中学生肯定会出现问题，这时教师要有针对性地给以点拨。当学生掌握了一定量的语言知识后，教师要进行适当的总结与归纳，以使学生的认识条理化、系统化，这又回归到教学中的讲解工作。最后的这种归纳性的讲解有利于培养学生的语言交际能力，也有利于学生养成良好的学习与思维习惯。在进行了必要的讲解之后，还要给学生留出足够的训练时间以进行强化。可见，讲解与练习在教学中是互相穿插的，只是要更加注重练习。

（四）结合学生的生活来选择教学内容与活动

在进行英语教学时，还要考虑现实生活这个因素，因为语言总是与现实生活密切联系的。在英语教学中，要把语言和学生所关心的话题结合起来，给学生提供足够、内容丰富、题材广泛、贴近学生生活的信息材料，这样的材料因为具有一定的现实性，因此容易使学生产生共鸣，从而会调动学生的兴趣，也能促使他们认识到学习英语的目的在于交际，而不是为了应付考试。另外，由于英语教学内容具有真实性，因此这就要求教材的语言和教师的语言也都是真实的，具体说来就是教材的语言和教师的语言不是为了方便教学而人为编写出来的，而应该是英语本族语人在交际过程中所使用的语言。

三、遵循教学灵活性的原则

在英语教学中遵循灵活性的要求可以保证学生在教学中的兴趣。少年儿童正处在心理与生理发育成长的阶段，他们的特点是活泼好动、易于接受新鲜事物，而对于死板机械的内容很容易失去兴趣。对于英语语言来说，它是生活的一个必要的组成部分，是一个充满活力、不断发展的开放性系统。语言本身的性质以及少儿的自身特点要求我们在英语教学中要遵循灵活性的原则，在教学方法、语言学习和语言使用方面做到灵活多样，这样才能使英语教学富有情趣。

（一）英语教学中采用的教学方法具有灵活性

在英语教学史上出现过许多种不同的教学方法和流派，如语法翻译教学法、交际教学法、视听教学法等，但每种方法对于教学而言并不具有普遍性，它们都有其自身的优势与不足，教师应该兼收并蓄、集各家所长，切忌拘泥于某一种所谓流行的教学方法。以英语的内容为标准，可以把英语教学划分为两种：一种是语言知识教学，包括语音、语法、词汇等内容，不同的语音、不同的语法项目、不同的词汇所具有的特点也是不同的；另一种是语言技能教学，主要包括听、说、读、写四个方面。从学习者自身来看，他们在个体方面都存在着很大的差异。因此，在英语教学中要综合学生、教学内容以及教师自身的特点，创造性地开展多种多样的教学活动，灵活运用教学方法和教学内容，保持英语教学的新鲜度与趣味性，从而使学生学习英语的热情得到激发，学习的兴趣也得到培养，逐渐帮助学生探索与掌握英语语言学习的规律。

（二）英语教学中使用的语言具有灵活性

英语教学中不应只是让学生认真听讲和做好笔记，因为英语学习的关键还在于使用，应调动学生的积极性，让其参与其中，运用英语来实现目标、达成愿望、体验成功、感受快乐。作为教师来说，要想带动学生使用英语，应通过自身灵活地使用英语来实现。比如，教师适当地用英语组织教学，用英语讲解、提问与布置作业等，这样利于让学生感到他们所学的英语是活的语言。教师还可以布置灵活性的作业，让学生在课下也灵活地使用英语，作业的布置并不是随意的，应侧重实践能力，如可以让学生用磁带录制口头作业，让学生轮流进行值日报告、陈述、评议时事、新闻等。

四、遵循输入优先的原则

（一）输入优先的理论依据

在英语教学中，输入是指学生通过听和读接触英语语言材料，输出是指学生通过说和写来对英语语言材料进行表达。心理语言学研究表明，输出建立在输入的基础之上，那么从这一方面看，输入是第一性的，输出是第二性的。而且人们在学习英语的过程中，与能表达的比起来，能理解的总是要多一些，而且语言输入的量越大，语言输出的能力也就越强。一些有关第二语言的研究在这方面也有相关的理论支持。如埃利斯（R.Elis）在他的著作《理解第二语言习得》中，总结了第二语言习得（外语学习）中对待语言输入的行为主义、先天论和相互作用的三种观点：

（1）行为主义的理论强调外部条件，它视语言为一种人类行为，并认为语言行为与其他行为一样是通过习惯养成而获得的，而习惯需要外部语言输入对学习者地刺激才能养成。因此，在行为主义学习模式中，语言输入不可缺少。

（2）语言学习的先天论与行为主义理论对立。先天论者强调人们天生具有学习语言的能力，而行为主义者强调的则是外部环境对语言学习的作用。虽然先天论者是从人的内在结构中研究语言习得的，但语言输入也起着关键性的作用，没有语言输入，语言习得机制就不能被激活，也就无法实现语言习得。因此，从语言学习先天论者的观点来看，语言输入在语言学习中也不可缺少。

（3）相互作用的观点认为，语言习得是学习者心理能力与语言环境相互作用的结果。语言学习者的语言处理加工机制受到语言输入的制约。

综上所述，在英语习得的过程中，语言输入起着十分重要的作用。因此，英语学习的成功与语言输入的量紧密相连。作为英语教师来说，应该遵循输入优先的原则，向学习者提供尽可能多的适合于他们水平的且有效的语言输入。

（二）有效英语语言输入的特点

这是输入优先要求的主要理论依据之一，该理论认为有效的语言输入应具备三个特点：

（1）语言材料应具有可理解性。他认为，如果学生对所输入的语言不能理解，那么这些输入是不能被接受的。

（2）语言材料应具有趣味性。所输入的语言材料要能调动起学习者的兴趣，要做到这一点，最好把他们的注意力转移到语言的意义上，使他们意识不到自己是在学外语。

（3）语言材料应具有足够的输入量。目前的外语教学对于语言输入量的重要性认识不到位。实际上，要使学习者实现对一个新句型地理解与掌握，需要数小时的泛读以及许多的讨论才能完成，仅靠几个简单的练习甚至几段语言材料远远不能够达到目标。

根据有效的语言输入特点，教师在英语教学中应该注意从几个方面努力：要通过视听、听和读多种手段，给学生尽可能多地增加可理解的语言输入，如适合学生的英语水平、具有时代特色的读物、声像材料的示范以及贴近学生日常生活和学习的材料等。另外，在英语教学中，无论是教还是学，其内容都不要局限在课本之内，只依靠一本教材，即使它再好，都学不好外语。教师在所呈现的语言材料中，应该打破英语课堂内外的界限，帮助学生扩大语言接触面。在输入形式上也应该多样化，使学生接触的英语有图像的、有声的、文字的等。而且语言的题材和体裁以及内容要广泛，来源要多样化，这样才能使学生接触到大量的不同类型的语言材料。例如，在日常生活中，尤其是在大中城市中，每天都会接触到许多英语，像道路标志、衣服、文具、电器等上面，就有许多英语。如果我们能利用这些来源多样、内容广泛的英语语言题材，学生们就可能很容易地在轻松的氛围中学到许多英语[7]。

---

7 杨雪. 浅谈英语教学中应用语言学的有效应用[J]. 教育现代化，2018，5（11）：185-186.

五、遵循循序渐进的原则

（一）首先开始口语的英语教学，然后逐渐过渡到书面语

在英语的口语和书面语两种形式中，位于第一位的是口语，位于第二位的是书面语。首先，从语言发展的历史来看，先有口语后有书面语。人类在几十万年前从学会劳动的时候起，就开始说话，但是文字却到很晚才出现。口语和书面语的这种历史差别虽然不能对英语学习的顺序起到决定作用，但起码说明口语的需求比书面语的需求要早且迫切。其次，口语里出现的词汇比较常用，大都是日常生活用语，句子结构也简单，与书面语比起来更容易学习，而且通过口语的学习，学生可以尽快地获得一定的交际技能以满足日常生活所需，有利于学用结合。

（二）在语言技能的培养上，先侧重听说能力，再过渡到读写技能

英语教学中的听说教学能使学生掌握正确的语音，学到基本的词汇和基本的句子结构，这些从听说教学中掌握的技能利于读写能力地培养。英语教学从听开始，也符合中国英语教学的实际情况。在中国，对于绝大多数学生来说，英语的语言环境很难被提供，而"听"便成了他们获取英语知识和纯正的语音语调的唯一途径。而且，也只有具备了一定的听力，才能听懂别人说的英语，才能使学生能够使用英语进行交际，在英语教学中使用英语进行的交际活动才能顺利进行。因此，在英语教学的基础阶段，教师要尽可能地为学生创造良好的听力环境，让学生在大量的"听"的环境中学习英语，提高英语听力水平，培养英语语感。英语教学中，教师可以结合听的内容，循序渐进地培养学生的口语表达能力，而不是让学生机械性地重复英语单词或句子。在英语教学中，努力让学生在一定的情境中学会表达思想，学会使用已经学过的单词和句子，是教师应该努力的方向。听说读写作为英语的四项基本技能必须要得到全面地发展，但是在英语学习的初级阶段，教师应从"听说"开始，着手培养学生良好的听的习惯及说的能力，这样利于提高学生的素质与培养学生学习英语的兴趣，甚至对改进教学方法等也能够起到一定的作用。

（三）语言知识与技能以及使用语言的能力要循环往复

英语教学中，要使学生掌握一个语言项目不可能通过一次课程就能完成，它需要进行多次的循环，而且这种循环每一次都是对前一次的深化。例如，关于名词的单复数问题，在刚开始时只是要求学生知道在英语中名词有单复数形式，然后随着英语的深入学习，逐渐使学生了解规则名词复数变化的规律，最后再掌握不规则名词的复数形式，通过循环往复式的学习，学生就能对名词的单复数形式掌握了。而且在具体的英语教学中，教师应该注意在学生已有的语言知识和已经熟悉的语言技能基础上，讲授新知识，培养新技能，在教授新知识的同时还必须对以前学过的内容进行复习。例如，教师可以利用学过的单词来对新的句型进行讲解，也可以用已经学过的句型来对新的单词进行讲解。

六、遵循适当使用母语的原则

（一）使用母语进行解释

这一要求的提出主要是因为英语学习是在母语习得后进行的学习活动。在英语学习之前，学生已能用母语进行交际，他们的时间、地点以及空间等概念已经形成，学习者已学会了用母语来表达这些概念。因此，用一种新的语言来构建概念比较难，而借助母语已建立起来的概念，我们只需要教会学习者一种新的符号表达形式，就可以使学习者较快和较好地掌握到某些概念。因此，适当地使用母语进行解释能起到清楚、明了和加深印象的效果。当然，虽然不同的语言之间存在着差异，概念在不同语言之间也会存在着差异，但无论如何，母语的适当使用都会起到画龙点睛、突出差异的效果。

适当地使用母语进行英语教学还有一个好处，就是母语在一定阶段的使用，能使学生更容易理解英语某些结构和规则的特点，能更好地理解教师安排、布置的教学活动的具体做法。而对英语结构和规则的正确理解对学生掌握和运用这些结构和规则有利，透彻地理解教师的指示，也能充分利用上课的时间进行英语实践，提高英语教学效果。比如，在教授现在完成时的时候，我们可以使用汉语对过去时和现在完成时的用法进行简单地讲述：一般过去时是用于描述过去的动作，现在完成时表示某一过去动作对现在的影响。从这个解释中，我们看到现在完成时所表示的也是过去的动作，但它侧重于该动作对现在的影响。

（二）通过母语与英语的比较帮助理解

母语的适当使用利于母语与英语的比较，帮助学习者更好地理解两种语言各自的特点，从而排除在英语学习过程中出现的母语干扰。

我们知道学习英语是个相当复杂的过程。在这一过程中，学习者很可能会因母语系统的影响而犯错误。如果我们能在适当的场合，结合英语学习的内容，对于英、汉两种语言在某一结构、某一用法上的差异和特点用母语进行简单讲授，学习者通过比较将会了解并明确英、汉两种语言在使用上需要注意的问题，那么他们在使用英语进行交际时，就会刻意避免母语系统经常造成英语使用中的错误，从而提高英语使用的效果。

英、汉两种语言的差异往往会造成学习英语的障碍，成为学习英语的难点。因此，在合适的时候，我们可以适当使用语法—翻译法，来把这些差异说清楚，把难点讲明白，这种做法利于排除母语在学习英语上的干扰。比如，在英语应用中，我们会经常看到学生写出了用英语形容词作谓语的句子。这种句子产生很可能是受汉语的影响所致，因为汉语的形容词可作谓语，如"我们很快乐。"但英语的形容词在句子中却不能单独作谓语，英语形容词要与动词 be 结合才能作谓语。因此，在讲授英语形容词作表语时，可以把英文句子译成汉语，这样利于让学生清楚而直观地看到英、汉形容词在句法功能方面的差别，避免把汉语形容词的使用规则迁移到英语形容词的用法上去，否则会造成消极的影响。

七、遵循语言知识和语言技能平衡的原则

英语语言知识包括语音、词汇、语法三个方面的内容，它们是综合运用英语能力的有机组成部分，是发展语言技能的重要基础。英语语言技能指运用语言的能力，包括听、说、读、写四个方面，这四个方面又可以细化为两类：一是产出型技能，包括说和写；二是接受型技能，包括读和听。语言知识和语言技能并不是对立的，它们都是语言能力的组成部分，两者之间是相互影响、相互促进的关系。首先，语言知识是发展语言技能的基础，如果不掌握或了解一定的英语语音、词汇和语法知识，就不可能发展任何的语言技能；其次，语言知识的学习往往可以通过听、说、读、写活动的过程来感知、体验和获得，可见语言技能对语言知识的发展起着促进作用。在英语教学中，一定要处理好语言知识和语言技能这二者之间的关系，在这个过程中，主要应该注意的有以下两点：

（一）英语教学中要同时兼顾语言知识与语言技能

语言知识和语言技能作为语言能力的组成部分与英语教学的基本目标，两者在英语教学中需要同时兼顾。语言知识是语言能力的基础，一些观点认为强调语言能力就可以忽视语言知识，这种看法显然不正确。语言的综合能力所包含的内容是多方面的，除了语法知识外，还包括社会语言学能力，如在完成某些言语行为时怎样才算得体；语篇能力，如观察和使用各种衔接和照应手段等；策略能力，如在交际遇到困难时使用哪些手段回避等。可见，语言综合能力的复杂性，它包含知识和技能两方面的内容。我们可以从以下的阐述中来具体理解：

（1）在英语教学中要学习语言知识，要学习语法，因为不懂语法，语言能力也就无从谈起。但在学习语法的过程中，要对其有一个正确地认识，学习它不是为了掌握某种理论体系，而是为了正确地使用语言，而且在学习的过程中除了要保证语言的语法规范外，还要保证其社会文化规范。

（2）语言能力不仅牵扯到单个句子，也牵扯到语篇。英语教学如果仅停留在知识的传授和学习上，就不能很好地完成英语教学的最终目标，合理而正确的做法是把语言知识的学习与语言技能的培养有机地结合起来。语言知识的学习要对提高语言技能的使用水平有利，而在发展语言技能的同时，也不能忽视语言知识的学习，两者要同时兼顾，不可只侧重某个方面。

现在英语教学中盛行交际教学法。它是在批判传统的语法翻译教学法的基础上建立起来的，该法在目前应用比较广泛的一个主要原因在于传统的教学方法过分地强调语言知识，尤其是语法的传授，而对语言技能的培养有所忽视。但是，当交际教学法在我国流行的同时却出现了另外一种现象，就是教师在教学中对于语言知识不敢传授，害怕那样做就会被指责为没有采用交际教学法。显然，只重视语言知识而忽视语言技能的方法是有失偏颇的，但这种把语言知识和语言技能对立起来的看法也是错误的。

（二）英语教学要重视语言实践活动

　　传授英语语言知识并不是说要单纯对英语语言知识进行传授讲解，尤其是在基础英语教学阶段，主要通过听、说、读、写等实践活动来学习英语。由此可见，教授语言知识的基本途径是语言技能的训练，通过相关技能训练的实践活动来提高语言知识地运用。英语语言知识的教学可采用的方式多种多样，比如注意和观察、发现、提示、分析、对比、归纳、总结等，在进行的过程中要有意识地让多数学生都参与到其中，这样不仅可以使学生学到语言知识，还能接受到科学的思维方法地训练。

第三章 英语教学的内容

第一节 英语教学的结构

一般来说，完整的英语教学由四个环节构成：组织课堂教学、检查和复习上次课的内容、讲授新材料与布置课外作业。下面对这四个构成环节进行详细地阐述。

一、组织英语教学

组织教学是构成英语教学的第一个环节。这个环节主要是为了保持安定的课堂秩序，以便于使学生的注意力集中，这样才能使他们排除干扰，安静地、用心地学习，提高其学习效率，也使教学能够顺利进行。在各级学校的课堂教学里，组织教学的工作都显得非常重要，英语教学也不例外。需要特别注意的是低年级学生，他们年纪小、爱说、爱动，自我控制的能力低，注意力容易分散，这时组织教学工作显得尤其重要。

（一）组织英语教学的原则与步骤

1. 组织英语教学的原则

教学组织包括的内容有：教师角色的选择、指令的给予、活动的组织方式、如何对待精力不集中或无组织纪律性的学生、大班上课的组织方式、对教学步骤的控制方式等。每个教师都必须掌握对这些问题的处理方式。下面介绍几种主要的组织英语教学的原则：

（1）交代指令适当。在英语教学中，指令是对学生活动的指导。指令并不是可以随便发布的，它须简短、清楚，适当配以演示，而且在交代指令前，教师应保证学生都已将注意力集中到教师的身上，这样才能保证指令发布的有效性。而在另一些状态下，如在混乱状态或当学生正忙着手中之事或私自交谈时，不宜发指令。

在交代活动的指令时要想保证其效果，应做到以下几点：①注意新旧知识的连接。②交代活动的相关信息，包括方式、目的、操作步骤、时间、反馈要求等。③检查学生对指令地理解。④让学生清楚活动如何开始。⑤终止指令要清楚，同时教师要对学生的活动做出适当地评价。评价中需要注意的是要采取有利于学生建立自信、发现问题并且明确改进的方式。⑥最后，要留出时间供学生提问。

（2）选择适当的英语教学活动参与模式。教学活动的载体是课堂内的参与活动，而参与模式决定着学生参与的程度。常见的参与模式有全班集体活动、同伴活动、小组活动和个人活动四种。采用什么样的模式应视学习内容而定。但是，参与模式应满足学生动手、动口的需求，因为学生通过参与和做事来学习，而不是通过单纯听讲来学习的。为使更多的学生参与英语教学活动，一般的主要活动模式是同伴活动或小组活动，并在活动中经常变动伙伴，以达到多数参与的目的。

（3）合理控制英语教学活动时间和参与人员。一般在英语教学中开展的活动都会有时间限定，如果学生未能在规定的时间内完成任务，教师视情况可让其继续或停止。如果让他们继续进行活动，则应明确时间界限，但在进行之前应首先了解清楚学生完成的情况，不能按时完成的原因也要了解清楚。

在完成活动的过程中，由于学生语言水平不一，因而完成同一任务所需时间也会不等。有的学生能提前完成任务，而有的却可能拖延时间。对于提前完成任务的学生，如果教师不给其进行其他活动的安排，他们就会无事可做，有可能影响其他学生，甚至对活动失去兴趣，影响以后的教学效果。在这种情况下，教师可以通过以下安排来控制参与人员的内容进度：

①给提前完成任务的同学分配额外的活动任务。例如提前完成任务的有两个以上小组，可以将这些小组组织在一起，对照检查任务完成的情况，这就是一种额外活动的安排。②将提前完成任务的学生编到未完成任务的小组。

（4）合理摆放英语教学座次。座次的摆放对教学活动的组织影响很大。固定的座次不利于同伴活动和小组活动的开展，但活动的桌椅如摆放不合适也对活动的组织不利[8]。

2. 组织英语教学的步骤

组织教学这个环节是上课的开始，也贯穿于整个教学过程中。具体来说，就是上课的过程中，教师应随时注意组织学生专心地、积极地参加教学的活动，以保证英语教学的效果。

这个部分一般包括的内容有：

（1）师生相互问好，以便把学生的注意力吸引到教师身上来。

（2）教师登记学生缺席情况，以便日后为他们补习英语课程。

（3）值日生报告。

（4）宣布本节课授课内容和目的，把学生的注意力引到学习上来，并开始讲课。

上面四点中，值日生报告需要注意以下几点：

首先，值日生报告由学生轮流进行，并不固定为某一个学生。当天值日生自由选题讲2～3分钟。教师边听边记录学生错误，学生讲完后，将学生讲错的地方写在黑板上，以供学生改正。其次，学生在准备值日生报告时可以事先将报告内容写成文章。这一做法在某种意义上可以作为作文练习的补充。此外，也可以作为一种个别指导的重要机会，这种

---

8 张丽莹,于江.论《他们眼望上苍》中赫斯顿的"协合"[J].湖南医科大学学报(社会科学版),2008,10(6):141-144.

机会在平时是很少有的。通过板书来纠正学生的错误，不仅对值日生，而且对其他学生来说，也有利于他们防止犯类似的错误[9]。

最后，要注意值日生报告的时间不要拖得太长，因为它不是上课的主要目的。这一内容总共所花时间（包括纠错在内）最好不要超过10分钟。如果时间充裕，也可以由教师补充一些与值日生报告题目有关的内容，让学生听。

（二）组织英语教学需注意的问题

1. 对组织英语教学要有正确的认识

谈到英语教学中的组织教学，很多人对其的认识都存在误区，主要表现在以下两个方面：

（1）认为英语组织教学只是在课堂教学开始时进行，而且也就几分钟，其实整堂课都要随时注意组织教学，才能保证整堂课地顺利进行。

（2）认为英语组织教学就是训斥学生，这种认识显然太过片面，也不准确。

2. 组织英语教学中可采用适当的方法

在目前的英语教学中，一些英语教师组织教学的方式就是说教，在实际应用中这并不是最好的方法。其实，只要教师把课组织好，循序渐进地进行教学，让学生感到课堂上有收获和进步，他们就会自觉地把注意力集中在英语的学习上。当然，也有一些具体的方法可以遵循。如在组织教学时，教师不断地向学生提出问题，进行引导；教学逐步提高要求，适当高于学生水平的要求利于学生经常处于积极状态；可以根据情况适当改变教学方式，以促使学生集中注意力；根据学生的表现，恰当地予以表扬、鼓励和批评，而以表扬为主，这样利于增强或保持学生对英语学习的信心。只要教师在英语教学中善于引导，学生是会积极配合的，那么组织教学也就不是什么问题了。

二、检查和复习上次英语课的内容

这个环节在保证教学的连续性方面起着重要作用。通过该环节的进行，教师可以了解到教学效果，对教学的进展情况做到心中有数。这个环节在已学内容和教学新内容之间起着桥梁作用，具体来说，是对已学内容的延续，为新内容的学习做准备。

（一）检查作业

检查作业常和复习巩固前几次所学内容结合进行。在检查作业的同时或检查作业之后可以根据发现的问题补充一些练习。这些练习一方面可以巩固深化已学内容，另一方面也可以弥补薄弱环节。检查作业包括前几次上课留的口头和笔头作业。笔头作业一般收齐后教师带走课后批改。口头作业常采用口头形式来检查，因为口头形式比较灵活，方式多样，在课堂中可以包括听、说、读、写多种实践活动。另外，口头作业的检查也可以以口头形式为主，辅之以笔头形式。譬如在全班进行口头造句时，可要求2～3个学生到黑板上造

---

9 王佐良. 翻译：思考与试笔 [M]. 北京：外语教学与研究出版社，1989.

句，这样利于发现比较全面的问题。其实，检查作业也可以说是辅导学生的常规方式。通过检查学生的作业，教师可以及时发现学生在学习中存在的问题，然后才能在课堂中有针对性地给予解决。而不同的检查方式所产生的作用也是不同的。

（1）英语课堂上集中核对学生的作业答案，可以有针对性地对典型错误进行讲评，使学生相互借鉴。

（2）英语教师详细对所有学生的作业进行检查，可以对每个学生的学习情况都有所了解，以便针对性地解决。

（3）英语教师安排学生相互检查作业，不仅对提升学生的英语水平有利，还可以培养学生发现问题的能力。

（4）英语教师当面检查学生的作业，可以对存在问题的学生进行个别辅导，便于提升班级整体的英语水平。

在检查作业中，不管是口头作业还是笔头作业，教师与学生之间都在进行着交流。在这个过程中，如果发现学生的问题，教师要实事求是地指出，同时可以帮助学生解决一部分问题，鼓励学生自行解决一部分问题，在解决问题的同时锻炼学生自主学习的能力。需要注意的是，在上交的笔头作业中，教师一般都要写评语，这时，不能随便什么话都写，比如打击学生的话语就不能写，做得再差的作业也一定要有可以发现的优点。

（二）提问

对于检查和复习时进行的提问，英语教师对学生的回答可以进行评分，以作为平时成绩的记载。提问有两种，即个别提问和全班提问。提问时一般先对全班发问，后叫个别学生回答。在提问时主要有两个方面的问题需要注意：

（1）提问的项目分量要小，形式要短小简单，化整为零，以便让更多的学生参与其中。提问的学生要普遍，最好能够遍布到全班级，不要仅集中在几个学生身上。

（2）在提问时要对差生给予更多地关注。在英语教学中由于各种原因，总会出现一些差生，因而对于这些学生的英语学习，教师需要对其进行必要的教学辅导，才能更好地配合英语教学。例如在英语课堂中多给成绩较差的学生回答问题的机会，而刚开始向他们提出的问题一般都较简单，以利于提高他们的自信心，然后逐渐向他们提较难的问题，提高他们的英语水平，最终使他们赶上其他学生。

三、讲授新的英语材料

讲授新的英语材料是构成英语教学的第三个环节。下面从讲授新课的内容以及方法来对这个环节进行详细地阐释。

向学生讲授新英语课的目的主要包括两个方面：使学生感知和理解新的英语材料；使学生初步运用新的英语材料。

（一）使学生感知和理解新的英语材料

在英语教学里，一定要使学生对所教内容能够理解、明白。比如，对于所教的英语单词，要使学生知道它的读音和拼写，也要明白单词的意思和用法，这样的词汇积累才是有效的；对于所教的英语句子，要使学生接触和把握句子的读音、声调或书写形式，并明白它的意思；对于所教的英语语法，要使学生了解有关的语法规则及其用法。在讲解时，需要采取一定的方式来进行。比如可借助实物、模型、图画、手势、动作、表演、情景等，这样直观的表达，利于使学生把英语句子和单词与它们所表示的事物和概念直接挂钩，便于加深学生对其的理解；可以用英语释义，必要时也可以用汉语释义，使学生最终理解所学内容；还可以用示范或举例的方法来说明，如示范发音和朗读让学生进行模仿，列举例句以在运用中说明单词或某项语法的意义和用法等。掌握英语通常是一个理解、记忆、运用的过程，学习新的英语知识是这个过程的开始，也是完成整个过程的基础。教师讲解必须简单扼要，有重点，暂时没有用处的或学生当时不能接受的一概不讲，这样做的目的是让学生能够先对容易的知识有初步的理解，为下一步深入地讲解做准备。能用图表和实物等直观手段的，教科书上有说明的就不讲或少讲，以提高英语教学效率。在讲解时，通常用谈话方式，常提出启发性的问题，引导学生积极思维，这样利于学生自主学习能力的提高。在讲解时应通过有效的方法使学生在理解的同时能记住一部分或大部分内容。

（二）使学生初步运用新的英语材料

在学生对新的英语材料能够理解以后，还要使学生做到初步运用新材料，这样可以检查和加深学生对新材料的理解。初步运用和其他的练习比起来，是最简单的，其主要内容包括朗读、简易的替换练习、复述语法规则、回讲句子或语法的意义和举例说明单词的用法和语法规则。

对讲授新的英语材料这个环节包括的两个目的及其关系一定要正确地看待。理解是一个由浅入深、由不完善到完善的发展过程，在该过程中，理解有助于模仿、操练与应用，而反过来，模仿、操练与应用又能加深理解。知其然与知其所以然都是理解。对模仿来说，知其然是完全必要的。而对于初学英语的人，特别是年龄较小的学生，由于所学的英语知识有限，因此知其所以然的目标对于他们来说有时就很难做到。但经过一个阶段的模仿、操练和应用后，随着学生学习英语材料的增多，在适当的时候，在英语教师的引导下，很多学生都能够从掌握的感性材料里得出理性的认识，做到知其所以然，有助于学习效果和质量的进一步提高。因此，对于理解、模仿、操练、应用之间的关系应当辩证地看待，并根据实际需要恰当地处理它们的关系，以帮助学生理解与初步运用所学的新材料。

四、布置英语课堂外的作业

布置家庭作业是构成英语教学的第四个环节。教师在英语课堂快结束前要根据教学的目的和课堂教学进行的情况，向学生布置家庭作业，以巩固和发展课堂教学的成果。家庭作业的布置可以帮助和指导学生课下学习的内容和方法，这能给学生带来很多积极作用，比如利于充分发挥学生课后学习时间的效用，培养良好的学习习惯等。尤其是低年级学生，他们自制力和学习经验比较缺乏，布置家庭作业对他们显得更加重要。但英语教师在布置家庭作业时也不可盲目或随意，否则很容易给学生带来学习上的负担，教师需要清楚合理的家庭作业在英语教学中能起到良好的辅助作用。比如课堂上学生在某个方面表现得弱些，可以有目的地适当布置一些相应的练习以弥补弱点；课堂上如果口语练习做得比较多，笔头练习相对地做得少，那么可以多布置一些笔头的家庭作业，以充分而有效地利用课堂教学时间，弥补笔头练习的欠缺。

这个构成环节使英语教学延续到课外，可以起到巩固和提高教学成果的作用，有时也能起到为下次课做好必要准备的效用。教师要想使课外作业达到预期的效果，应注意以下几个方面：

（1）说明作业的目的和方法，如果作业是一种比较新的形式，教师要在课堂上做示范。
（2）分量适当，不给学生增加过多的学习负担，也不能时有时无，时多时少。
（3）体现教师讲课的重点和难点，通过课外作业的练习，帮助学生进一步掌握。
（4）难度适当。

第二节　英语教学的特点和要求

一、英语教学的特点

（一）实践活动是英语教学的中心

英语课的性质是实践课，而不是讲演课，这是由英语教学的目的和任务决定的。英语课不论在中小学作为一门普通教育课程，还是在高等学校作为语言专业课或共同基础课，其教学的首要目的都是应用，这就是说，要求学生能把英语作为交际工具来掌握。想要达到这一目标，就须在英语教学中开展实践活动。可以说，英语教学就是一种在教师指导下的人为的、有计划、有系统的语言交际活动的训练过程。在所有的实践活动中，听、说、读、写的言语训练活动是主要的，语音、语法、词汇的语言知识讲授也不可缺少，但起的是辅助作用。要实现培养学生基本技能这一教学目的，只能依靠不断的大量的基本技能训练工作才能达到，也就是课堂中要有大量的实践活动。这一实践性特点，决定了英语课的学生人数不宜过多，以十五人的小班为宜。

（二）学生在英语教学中具有主体性

在英语教学活动中，学生是其主体，而教师则是活动的组织者。既然这样，那么能否充分调动学生的积极性，使其能在教师指导下进行尽可能多的练习活动，就成为评定英语课质量优劣的主要标志。在现代的英语教学中，教师依然起着主导作用，只是经常表现为充分调动学生的积极性，善于把学生组织起来进行英语技能训练等。学生活动的质量很大程度上取决于教师的组织和领导。因此这对于教师就有很多要求，比如每节课前教师必须认真备课，精心设计领导和组织学生进行练习的方式。现在衡量英语课的成败与英语教师课堂工作质量优劣的标准，并不是以教师讲了多少及讲得怎样为根据，而是把学生在教师指导下练了多少作为衡量的标准。可见，以前教师满堂灌的形式已经不适应现代的英语教学，学生逐渐在课堂中扮演主体性的角色[10]。

（三）英语气氛和环境营造的积极性

英语气氛和英语环境在英语教学中有十分重要的意义，因此，在英语教学中创造英语气氛和环境便显得非常重要。现在的很多英语教学也都在积极地往这个方向努力。学生多做英语实践练习是保证英语教学中的英语气氛和环境的一个非常主要的方面；教师在知识讲解和组织练习实践时尽可能地直接用英语进行，也能加强外语气氛。为此，教师应有计划、有步骤地传授学生在英语教学中必需的各种用语，并在自己的教学组织工作中积极地多使用，而且要求学生也多用常用。当然，创造课堂教学的英语气氛和环境，多使用英语课堂用语并不是主要的方面，其实，在整个教学过程中尽量少用汉语和翻译可以更加保证英语环境的营造。此外，教师熟练地掌握英语和教学技巧，也能在教学中营造出英语气氛。

（四）汉语对英语课堂教学影响的迁移性

在谈到母语和英语之间的关系时，人们经常谈到的是"迁移"的问题。迁移本来是一个心理学术语，在教学中，它指学习过程中学习者已有的知识或技能会对新知识或技能的获得产生影响。20世纪50年代，迁移理论被吸纳进语言教学研究，认为母语迁移会对英语学习产生影响。在英语学习中，迁移指"一种语言对学习另一种语言产生的影响"。在英语学习中，迁移经常被学习者作为一种学习策略来采用，它指学习者利用已知的语言知识去理解新的语言，尤其是在英语学习的初级阶段，这种现象出现得最为频繁，究其原因，在于学习者还不熟悉英语的语法规则，此时只有汉语可以依赖，汉语的内容就很容易被迁移到英语之中。汉语的迁移可以分为两个方面，即正迁移和负迁移。这两种类型在英语课堂教学中有着不同的作用，具体来说，正迁移对于英语的学习起正面的影响，负迁移对于英语的学习起负面的影响。而对于正、负迁移产生的情况，有些学者有过相关的阐述。

1. 汉语词汇和基本语法对英语课堂教学产生迁移性的影响

中国人的母语是汉语，学生一般在少年儿童时期就已经开始学习英语。这时，他们已经掌握了大量的汉语词汇和基本语法，具备了使用汉语进行听说和读写的能力，也能够比较好地使用汉语进行交际。而英语对他们来说是一门外语，且是要学习的目标语。因此，汉语对英语教学有着迁移性的影响。在英语课堂教学中，中国学生的语言迁移表现在各个层次上，如语音、词汇和语法等。有时候，由于英汉两种语言之间存在着很多相似或

---

10 任丽霞，吕桂凤. 翻转课堂在大学英语教学中的应用[J]. 吉林医药学院学报，2020，41(01)：75-76.

者吻合的地方，因而这时中国学生在学习英语时就可以利用已有的汉语知识，从而能够更好地对英语的学习起着促进性的作用，这就产生了汉语在英语课堂教学中的正迁移现象。例如，汉语中的形容词都位于它所修饰的名词前面，而英语的有关用法与汉语的这一用法相似，当学生学习了形容词 beautiful 和名词 flower 两个词之后，就会很自然地说出"a beautifulflower"这样的句式。英语和汉语在句子的结构上也存在相似性，这一特性也使得正迁移成为可能。英语和汉语相同的句型主要有以下五种。

2. 中国文化对英语课堂教学产生迁移性的影响

英汉两种语言之间存在着文化的差异，这种差异可以导致迁移现象的产生，这是一种文化迁移现象。这种现象是指由于文化差异而引起的文化干扰，它经常在跨文化交际中或外语学习中有所表现。具体来说，人们会用自己的文化准则和价值观来指导自己的言语和思想，并以此为标准来判断他人的言行和思想，而这种指导与判断往往是在下意识状态下进行的。文化迁移往往会导致交际困难、误解、甚至仇恨。胡文仲和高一虹把文化的内涵分为三种，即物质文化、制度文化和观念文化。而戴炜栋和张红玲根据文化的这一内涵把文化迁移分为两种：一是表层文化迁移，物质文化和制度文化的文化迁移大体属于表层文化迁移，对于这些文化要素，人们是容易观察到的，只要稍加注意就可以感觉到不同文化在这些方面的差异。二是深层文化迁移，主要指观念文化的迁移，因为它属于心理层次，涉及人们的观念和思想，所以在跨文化交际中，这种迁移不容易被注意到。由于本族文化根深蒂固，人一生下来就受到本族语文化的熏陶，其言行无一受到本族语文化的影响与制约，因此，在英语学习中，文化迁移更容易给学生造成交际的障碍。

文化迁移对英语学习的影响具有正负两个方面。刘正光和何素秀在 2000 年曾指出："以往关于外语学习中的迁移理论在对待母语以及母语文化的干扰问题时，对负干扰研究得较多、较透彻，同时，对负迁移的作用也有夸大之嫌。近年来随着人们对母语迁移理论的重新认识和深入研究发现，母语和母语文化对外语学习和外语交际能力的培养也同时存在相当大的正迁移[11]。"因此，英语课堂教学中，汉语文化的教学是不能受到忽视的[12]。我们可以从以下三个方面来分析这一看法：

（1）在英语课堂教学中，其内容不仅仅是培养、介绍和引进国外文化知识、技术、科学等，同时还担负着另外一个任务——中国文化输出。在英语课堂教学中进行西方文化知识传授的同时，如果忽视中国文化的教学，有可能造成跨文化交际的心理障碍，从而对跨文化交际能力的培养有着消极性的影响，比如有可能造成自卑、媚外的心理，以至于在与对方进行交际时不能树立平等的心态。

（2）在中国这种缺乏英语语言环境的状态中，教授和发现影响传递信息的各种语言和非语言的文化因素时，必须把汉语文化作为比较对象，只有通过两种文化差异的比较才能

---

11 姚丽，姚烨. 英汉文化差异下的英语教学探究 [M]. 北京：中国书籍出版社，2014.
12 高等学校外语专业教学指导委员会英语组. 高等学校英语专业英语教学大纲 [M]. 上海：上海外语教育出版社，2000.

找到影响英语交际的各种因素。而在中国英语课堂教学中通过比较，我们还可以对英语教学的重点、难点进行有效的发现和确定，从而在课堂教学中做到有的放矢，提高课堂教学效率。

（3）充分掌握汉语与汉语文化对英语学习和英语交际能力有着极其重要的影响。我国外语界和翻译界的老前辈们的治学经历就能对这一点进行很好的说明。王佐良、许国璋、周珏良等英语界泰斗的成绩在很大程度上就得益于他们深厚的汉语与汉语文化的根底。许多著名的翻译家，如钱钟书、巴金、鲁迅、叶君健、杨宪益等，他们本身是作家，但其译作水平也很高，并且在译作方面也做出了很大的成绩，这在很大程度上也是得益于他们自身深厚的汉语及汉语文化知识。与汉语和英语的关系这一问题相关的除了语音、词汇、语法、文化等各个方面外，还有语言的社会功能问题。一个民族的母语能够表现出其民族特征，母语教学对于培养学生的爱国主义情感具有重要的意义。在中国的英语课堂教学中，不能因为英语的教与学而忽视汉语的教与学，否则将会导致严重的后果。2002年9月5日的《环球时报》刊登了题为《面对不争气的年轻人，吴作栋总理提出警示：新加坡能否富过三代》的文章，指出"新加坡年轻一代似乎不那么爱国，因为有不少青年人想出国，而且是一走了之，这种现象越来越普遍。"认真对这种现象产生的原因进行探究会发现，这在很大程度上与新加坡面向英语的教育体制有关。在新加坡，一些有识之士也对这一问题有所发现，并指出新加坡出现社会凝聚力低的问题原因在于20年来母语教育的失败。在我国英语课堂教学中，在处理汉语和英语的关系时应该注意以下两个问题：

第一，在英语课堂教学中尽可能使用英语，但是不对汉语的应用进行刻意地回避。对于汉语和英语两者之间的关系时，不管是在理论还是实践中都存在两种极端的态度。一种是完全摆脱汉语而使用英语，刻意地回避汉语。这种主张很难做到，从另一方面来说也是不可取的。而且使用适当使用汉语也可以取得不错的课堂教学效果，比如利用英语和汉语之间进行比较，可以提高英语课堂教学的预见性和针对性。而在英语课堂上使用汉语时需要注意的是：把使用方便、易于理解的汉语作为教学手段时，不可以过分，要根据具体情况适当使用。比如对发音要领、语法等难以用英语解释的内容可以使用汉语进行简要的说明；在解释某些意义抽象的单词或复杂的句子时，如果已经学过的词汇没有可以利用的，在这种情况下也可以使用汉语进行解释。另外一种极端态度是完全依靠汉语来教授英语，这种做法显然不可取。对于中国的英语学习者来说，汉语是他们的母语，学生在学习英语时会无意识地与汉语进行比较。如果在英语课堂教学过程中过多地使用汉语，学生对汉语地依赖性只会增加不会减弱，时间久了就会很难摆脱，严重的甚至会养成一种以汉语作"中介"的不良习惯，在听说读写等语言活动中会不断地把听到的、读到的以及需要表达的英语先转换成汉语，如果总是采取这种方式学习英语的话就很难流利地使用英语，也不可能写出或讲出地道的英语。而且在英语课堂教学中使用英语也有很多益处，如可以创造英语的氛围，可以增加英语的输入等，利于减少汉语的负向迁移，增加汉语的正向迁移。

在英语课堂教学中，对于英汉两种语言相同的内容，学生利用汉语就很容易学习，教师只要稍加提示，学生就很容易掌握。而某些内容为英语所特有，学生学起来就比较困难，对于这些内容，教师应该有针对性地将其作为课堂教学的重点，适当增加练习量。而对于两种语言中相似但是又不相同的内容，学生在学习中就会很容易受到汉语的干扰，教师在课堂教学中要多加注意这些内容的教学，以防学生把两种语言的知识混淆。

第二，重视英语课堂教学的同时，不忽视汉语的学习。经济的全球化和科学技术的国际化是目前新的时代特征，而英语是国际交往中最为重要的交流与沟通工具，越来越多的人对其重要性已经有所认识。而且英语教育的问题在我国的教育中并未被忽视，如教育主管部门和学校领导就对这一问题很关注。与此同时，全国公共英语等级考试、全国英语四六级考试等国内外各个层次的考试也推动了英语学习的热潮。另外，为了满足人们英语学习的需求，应运而生了各种各样的教学方法、丰富多彩的学习用书、音像制品、软件等，进一步推动了英语的学习。这些条件无疑都是好事情。但是，这样的环境很容易给人，尤其是中小学生与家长造成一种错觉，认为英语比汉语还重要，从而导致忽视汉语学习的现象。不重视英语的做法是错误的，而因为重视英语而忽视了对自己母语的学习也同样是不可取的，无论是个人还是社会，都应把英语教学与汉语学习的关系处理好。

二、英语教学的基本要求

（一）英语教学具有一定的密度

这一要求其实就是让教师充分利用课堂上的时间。教学时间有限，怎样在有限的教学时间内来传授英语知识，发展学生的英语实践能力，这在英语教学中是一个值得考虑的重要问题。如果利用得合理，则能够收到不错的教学效果。因此，教师必须精心设计，提高教学时间的使用率和有效率。为做到这一点，教师可以围绕一个教学内容进行密集的、快速的活动，如可以在课堂中依次快速操练、造句、提问等，这样的密度能够使每个学生都尽可能得到训练。而不同的内容要采用不同的教法才能达到事半功倍的效果。如在教句型时，可使用替代法进行操练；教词汇时，可使用拼读、造句等法；教课文时，可使用问答、翻译等法。如果一堂英语课能达到充分而适当的密度，课堂气氛必然较活跃，那么学生的学习积极性也就必然会高涨，从而形成教学的高潮。

（二）英语教学具有一定的广度

这一要求的具体内容主要包括两个方面：一是学生的活动面要广；二是教学内容所涉及的面要广。

（1）教师在每堂课中都要使这两个内容的广度扩展，尽量消灭"死角"。新授课的学生活动人数应不少于全班学生总人数的75%，复习课和练习课可达100%。学生活动时，还要结合学生的实际情况给予不同的标准，如对学习好的学生可要求高些，对学习差的学生可要求低些，对不大肯活动的学生要尽量采取措施让他们多参与到活动中。

（2）在英语课堂中教授内容时要做到在保证中心的前提下，以旧带新，以新温旧，总之，就是要做到新旧结合，并尽可能用圆周式的方法来安排教学活动内容。例如，结合直接引语教间接引语，结合比较级教形容词和副词的最高级，结合一般过去时态教现在完成时态等。

（三）英语教学具有一定的深度

这一要求就是说英语教学内容要有一定的难度，但其难度又要有一定的度，即必须在学生可接受的范围内，只有这样才能引起学生的学习兴趣。在难易程度方面，要做到尽力而行，因材施教，不可以用统一的难度标准来要求所有的学生。在难易的比例方面，根据学生目前的智力和英语能力情况来看，最好是 1∶3，即一难三易。在深度的内容方面，应注意把握好教学内容的关键语言点和一些重要词语，以提高教学效率。

第三节　英语课堂类型

一、按照教学环节划分的英语课堂类型

（一）综合型新授课

综合型新授课在英语教学课型类别中是最常用的。课上有讲解也有训练，以训练为主，但也根据实践的需要作精练地解释。综合型新授课所包括的教学结构比较完整，能够体现出英语教学的一个完整过程和对听说读写工作的全面安排。这一课型适用于初、高中各个年级。

综合型新授课的结构如下：

（1）组织英语教学 2 分钟。

（2）对已学内容进行复习、检查 10 分钟。

（3）提出新的英语材料 10 分钟。

①演示或讲解新的英语材料：听音会意。②初步运用英语材料：仿说、仿做。

（4）反复操练 20 分钟。

①句型操练。②复用练习。③活用练习。

（5）布置家庭作业 3 分钟。

①本节课归纳小结。②英语家庭作业。

在综合型新授课中应该注意的问题有以下几点：

首先，使学生当堂熟练掌握所学的新的英语材料是综合型新授课的主要特点。在综合型新授课上，学生对所学的新材料的掌握过程比较完整，即提出新材料，反复操练，最后达到熟练掌握新材料，初步养成新的语言习惯。综合型新授课在教学内容上主要包括单词、语音、语法和课文四个方面；在训练上涉及听说读写四个技能。在综合型新授课上教的材

料可以不多，但要求学生学得要好，掌握最好也熟练些，以此为之后的英语复习与学习奠定基础。

其次，综合型新授课的结构中所包含的环节多，教学方式灵活多样，在新鲜多变的气氛中比较容易吸引学生的注意力，使学生学习的兴趣和积极性始终能够维持或得到进一步地激发。

最后，综合型新授课的教学结构环节的时间不是固定的。上面提出的时间分配只是在一般情况下的一个大致数字，仅供参考。而在实际教学工作中，需要根据班上具体情况和教学内容，来对环节与时间的安排有一个灵活的掌握。

（二）复习课

复习课的目的一般都是配合期中或期末考试，在这个过程中教师可以组织一次或几次，把一个阶段里讲授的材料加以系统整理。其目的主要有两个：一是帮助学生记忆；二是促使学生进一步提高口笔语能力。在复习课中，一般也进行一些口笔语练习，其目的是复习和整理教过的词汇和语法，使学生对所学内容加深印象，帮助学生记忆，提高复习的效果，但这时的口笔语练习大半是语言练习。而复习课中为了发展学生的口笔语能力，在复习单词和语法时，要注意口笔语练习前的准备工作，比如对学生之前经常出现的问题、遇到的障碍等进行总结，为其扫清道路。复习课上教师需要注意的是引导学生，使其开动脑筋，积极参加活动，为上好复习课，师生之间应该相互配合。切忌把复习课上成知识课，变成教师一人表演的独角戏。

在复习课中，如果复习的内容是英语词汇，教师可以提出一个主题，然后要求学生举出与之有关的单词，比如有关家庭的、学校的、清洁卫生的、鸟兽的等，然后在黑板上把这些词写上。也可以考虑让学生用举出的单词做一段连贯性的叙述，比如用有关学校的词描述一个学校，用有关鸟兽的词叙述动物的习性或关系等。随着学生所学单词的增多，主题也就可以分得逐渐详细，那么用与主题相关的单词所做的描述类型也就越多。在复习课快结束前可以要求学生用与某一个或几个主题相关的单词写一段话或写一篇作文，这样利于帮助学生复习笔语能力的技巧。但学生在初始阶段一般学过的单词比较少，这时可以按词类归集，如介词、连词、疑问词等，然后要求学生用这类词造句，也可以组织一段对话。如果复习课中复习的内容是英语语法，这时教师可以提出某项语法，引导学生举例词、例句，选择其中最典型的句子写在黑板上面[13]。再引导学生通过分析、对比，找出例句之间的异同，从中归纳出语法规则，并加以说明。最后采用一些方式，如问答、替换、转换等进行操练，使学生对这项语法的用法能够熟练掌握。可见，这种探索的自主学习方式在语法复习课中依然使用，而在一堂课上复习一项还是几项语法，则要根据具体情况来决定。

（三）巩固练习课

在巩固课上，巩固的任务在于通过口笔语练习、复习、整理教过的英语材料，并针对

13　徐国庆. 职业教育项目课程设计指南 [M]. 上海：华东师范大学出版社，2013：19-28.

学生听说读写的能力给予进一步的提高，培养语言习惯。比如它对学生在口语上的要求是要说得熟练些且能成段地说，这种课堂上的结构中一般没有新课环节。在各个年级巩固课都是很普遍的。如果教师教过某一节的英语课之后，感到学生学得不够熟练，这时就可以接着组织一次巩固课，以对所学内容进行巩固。而为了配合阶段性考试，可一连组织几个巩固课。

巩固课一般只由组织教学、反复操练、布置家庭作业三个环节构成，而且课上的大部分时间都要用在反复操练上。在巩固课中，一般面临着两个极为重要的问题：如何把这几个构成环节组织好，如何体现出一个由简到繁、逐步提高的发展过程。在这里，我们给出几点意见：

（1）一般的英语教学可由朗读课文开始，然后根据课文内容依次对学生进行问答，接下来进行的是分段叙述课文大意，随后对整篇课文进行复述，最后可由学生就自己实际生活的有关内容仿照课文来做简短地介绍。这样做的好处一般有两个方面：一是使学生再次对课文内容有一个了解与熟悉，二是可以锻炼学生的口语能力。那么巩固课也可以参照一般的英语课堂来进行教学。结合课文，先利用图画引导学生整理和复习有关的单词、词组和语法点，然后把在课堂上整理的这些知识点根据需要写在黑板上；之后引导学生参照黑板上各组单词和词组，自行组织语言来分段叙述课文大意；随后让学生叙述整篇课文，或模仿课文进行仿做练习。

（2）家庭作业一般是学生笔头复述课文，或在课文的基础上仿作短文。巩固课中布置的家庭作业一般是要求学生课下把课上的口头叙述写成书面作业；或者让学生模仿课文，改换里面的人物，另行写成一篇短文。其中，改换人物的模仿课文式的短文写作可能相对简单些，但口头锻炼时如果教师引导得比较好，那么依据其进行的书面作业也就比较容易进行。

二、按照语言技能划分的英语课堂类型

（一）听说课

这种英语课堂类型在进行活动时主要采用的方式是看VCD、听故事、唱歌、玩游戏等，从而帮助学生养成良好的语言学习和运用习惯。以小学生为例，教师想让他们积极参与课堂教学活动，这时可以用小纪念品、小红花、小红榜等多种多样的方式来对其进行鼓励。

在听说课的英语教学中，教师需要注意的内容有以下几点：

（1）听说课的主体是学生，在教学中要适当传授学习策略，选择的教材内容难度要适当。对于学生来说不能偏难也不能偏简单，且选材范围要广泛，但又要符合固定学生的学习心理，教学时要循序渐进。

（2）听说课的重点应放在句子的操练、模仿、运用上，而在这种课堂中不能过分强调词汇与语法的学习，而且教师不能在讲台上唱独角戏，老师这时主要是作为一个组织者来

引导学生进行各项活动的。

（3）每堂课要根据学生的具体情况把听说活动有效地结合起来。比如对于儿童来说，课堂上在磁带中播放故事比较合适，既便于学生进行重复，也能引起他们的兴趣；但尽量不要安排他们从磁带里面听对话，因为对话对他们来说难度太大，而且也比较枯燥，对话形式的听力训练要尽量通过教师与学生的参与来进行，如果仅是听可能效果并不是那么明显。

（二）读写课

读写类型的英语教学对于各个阶段的学生并不是完全适用，比如在小学阶段就不过分强调读写，但是有条件、基础好的班级可以适当开设读写课，但对学生的要求并不太高。读写训练一般在小学高年级正式开始，这种训练对进入中学后的英语学习所起的作用是承上启下的。对小学高年级的阅读材料而言，它们的选择要与少年儿童的心理适合，如英语漫画、有趣的小故事、简写的童话等，这些材料比较有趣，符合少年儿童活泼的心理，可以把它们作为阅读材料。教师在安排读写课时，需要清楚阅读的目的是促进学生的英语思维发展，训练英语表达，所以阅读材料后面最好提出一些针对性的要求，如复述或改写，但不要加多项选择题等成人使用的问题形式，也不宜布置太大的训练量。

在英语教学中，读写这种课堂类型的安排一般是比较少的，所以为了保证读写的质量，教师一定要批改收上来的作业。批改以指出问题为主，不必在作业本上每错必改，可以在课堂讲解时对于典型的错误着重挑出，让学生自己动手修改。这样做的目的有三个：一是提供典型错误的正确形式，为学生提供正确的语言输入，以利于学生之后的正确运用；二是说明老师认真改过作业，树立教师在学生心目中的良好形象；三是维持学生对英语读写的信心。国外的差错分析研究表明，学生在学习外语的时候，一些错误的出现是难免的，但这些错误在语言学习过程中具有发展性，即使纠正也会再犯。如果教师对学生挑错太多，可能会引起学生的反感，降低学习积极性，从而不利于语言课堂教学的进行。

（三）语法课

语法课主要是对英语的语言规则进行讲解。简单的语法点可结合课文，有意识地通过口头操练使学生掌握。一些较复杂的或与汉语所不同的语法点，可通过上语法课单独对其进行讲授和操练，使学生能够对其用法有一个系统地掌握。语法课一般有五个环节构成：

（1）组织英语教学2分钟。

（2）对所学内容进行复习提问10分钟。

（3）提出新的英语语法点15分钟。

（4）对所学语法点进行反复操练15分钟。

（5）布置英语家庭作业3分钟。

第四节　英语教学的构成要素

构成英语教学的基本要素是教师、学生、教材、教法等，如何发挥他们的作用对保证英语教学质量至关重要。下面我们对这几个要素分别进行简要地阐述。

一、英语课堂学生

善于学习英语的学生通常对英语及其相关文化背景知识的兴趣比较浓厚，且有明确的英语学习动机，对说英语的民族及其政治、经济、生活方式、风俗习惯等的态度比较正确而开明，他们对于新鲜事物不但不排斥，而且很多还都很愿意接受，善于琢磨适合自己的学习方法。强烈的学习愿望对于学习效果的取得非常有意义，而喜爱英语及其民族比为了考试而学习更能激发学生的学习欲望。善于学习的学生对英语学习还有一种负责的态度，他们能够在教师指导下自觉地利用课外时间来学习。具体来说，这类学生具有的特点通常有以下几点：

（1）有长远的学习目标，定下的近期目标往往比目前学习的内容更深入。很多英语成绩优异的学生在课堂正式开始前，他们对即将学习的内容就已经比较熟悉了，在课堂上，他们就可以充分与教师和同学进行交流与操练，从而提高自己的英语水平。

（2）善于琢磨有效的学习方法和学习时段。比如有的学生早上记忆单词、背课文最有效，有的学生睡觉之前记单词、背课文最牢固，有的学生用联想实物的方式更有效，有的学生将相关单词联系起来学习比零零散散的学习更有效等。善于学习的学生总是会探索适合于自己的学习技巧。

（3）在课堂上愿意听教师的讲解，勤记笔记，愿意反复复习所学单词、短语、句子，甚至课文。

（4）对于所学的英语语言材料能够大胆运用，勇于冒险，不怕出错，愿意提问，积极发言，对于教师的纠正能够以正确的态度接受，懂得熟能生巧的道理，懂得通过与教师进行适当的交际可以提高英语语言水平的道理。

（5）善于对课后的学习活动进行安排。知道英语学习如果"三天打鱼、两天晒网"就不利于英语水平的提高，唯有坚持每天听课文录音，跟录音朗读，模仿自己喜欢的语音语调，长久下来才能逐步提高英语水平。

二、英语教师

一位合格的英语教师应发音纯正，还具有性格上比较活泼，思维敏捷，语言幽默，态度和蔼，热爱教学等特点。如果授课的教师发音欠佳，可以采用一些方式，如录音带、

VCD、广播乃至多媒体等手段进行发音上的弥补，让学生多听到发音纯正的单句和课文朗读、对话、故事等，教师在让学生听的过程中可以穿插必要地解释，把某些难懂的关键语句进行重复，从而将课堂活动有机地联系在一起。而站在学生的角度来看，他们通常不喜欢沉闷乏味的教师，那么这就要求英语教师在课堂教学中在适当的时候用夸张的声音讲述故事，模仿某种声音，这样调动学生的积极性能起到一定的作用。有时，课堂上教师可以用英语开友善的玩笑，这样利于缓和紧张的学习气氛，减少有意注意，从而使得学生的无意注意或潜意识思维得到激发。一位有经验的教师往往能使文静学生与爱说话的学生之间的谈话获得平衡，引导文静者开口说英语，使文静学生的口语水平得到提高。

一位优秀的英语教师在课堂教学中通常需要注意以下几点：

（1）英语课堂上，教师需要随时注意调整自己的语言运用、提问方式、提供反馈的方式。无论采用何种教学方法或策略，教师都需花一定时间对全班讲述、布置、解释各项活动。为了让学生充分理解所讲内容，教师通常运用以下策略：重复话语、降低语速、增加停顿、改变发音、调整措辞、简化语法规则、调整语篇等。通过以上调整，教师的语言输出成为学生所需的可理解输入。提问是教师最常用的教学技巧之一。提问的好处不言而喻，如激发学生的学习兴趣、鼓励学生思考、帮助学生阐明思想、帮助教师诱导某些结构或词语、检查理解程度、鼓励积极参与等。

（2）在英语教学中，教师的讲话时间对学生习得新的语言结构和词语有利，但是不能以此来占用学生自主练习的时间。比较好的英语课堂，其活动形式通常多种多样，而不是每天重复一成不变的几种形式。而比较好的英语教师能对课堂活动中出现的新动向进行及时地预测，应变能力也较强，可以巧妙应付课堂上的各种突发事件，使课堂活动丰富有序。

（3）在英语教学中还有一个重要的方面是英语教师要为学生提供学习情况的反馈。有关英语学习的反馈信息有正反之分。英语课堂上教师的反馈可以多种多样，如可以是对学生话语的应答，像赞扬或批评、扩展学生的答案、总结学生回答、重复学生所答等。英语课堂上学生语言运用的主要目的是完成学习任务的同时获取运用英语的交际能力[14]。英语课堂的背景具有特殊性，因此学生在课堂的语言运用中有很多套语，如情景型套语、礼仪型套语、风格型套语、组织应对活动的小套语等。在英语学习的初级阶段，这些套语在很大程度上能够帮助学生获得可理解信息的输入，但随着学生英语水平的提高，教师语言输出的句型会更加多样化。

三、英语教材

在英语教学活动中，教材是为学习服务的。然而，教材一旦确定便是死的，而学生是变化的。而且，任何教材的编写由于编者水平与资料的局限性，因而多少都会在一些方面存在有缺陷或不足。如果教师单纯地紧扣教材，按部就班，把完成教学任务作为目的，而

---

14 郭巧棉. 浅析皮革商贸英语翻译问题及翻译策略——评《国际商务合同的文体与翻译》[J]. 皮革科学与工程，2020，30(01)：51.

不考虑学生是否能够接受，这样的教学对学生的学习很难起到促进的作用。英语教师在面对不同的教材时应学会处理，要在课堂上及课后询问学生的感受，调整教学进度和方法，一旦发现问题及时补救。我们在课堂教学过程中经常会遇到的涉及教材问题的情况一般有以下几种：

（1）英语教材难易程度有失偏颇。有的英语教材偏难，大部分学生在学习时感觉跟不上，仅仅机械地进行操练。遇到这种情况时，教师在教学时应尽量把进度放慢，添加内容接近课文但难度稍小的材料。有的英语教材语言偏易，大部分学生对于教材中的内容已经熟记于心，课堂虽然活跃，学生交谈的兴致很高，但很大程度上只是在对旧的语言知识和技能进行运用或操练，不利于语言能力的发展。此时，教师应该适当添加一点有挑战性的语言材料，使用略高于现有水平的词汇、语句、课文及其隐含的结构，学生对这些英语材料能够听懂，但又有一定的挑战性，从而使他们的学习动力得到激发。还有些英语教材因为仓促，没有按照先易后难、先浅显后深入的原则编排课文，如果教师按部就班地紧贴课文，反而不利于对学生的有效引导。因此，教师备课应该建立在整本教材乃至全套教材的基础之上，可以适当调整先后顺序，以提高教材的有效使用率。

（2）英语教材趣味性不强。这一缺点容易对学生，尤其是儿童青少年学生不利，此时教师应该更加注意添加符合少年儿童心理特征的内容，使乏味的日常生活对话和课文变得生动有趣。一些童话故事录音带、原版卡通 VCD、漫画等都可以是很好的补充材料。尤其在小学英语教学中，课本只是引路材料，把精力花在添加其他材料上并不是浪费[15]。所谓"使用指定教材是正道，使用其他教材或材料是歪门邪道"的说法是没有道理的，因为指定的教材并不一定适合所有的学生。英语教学中，一本教材、一支粉笔的教师已经不可能是好老师了。

（3）英语教材中的某些交际任务超出学生的日常生活范围。比如在银行办理信用卡或在宾馆登记入住的对话情景，一般小学生都缺乏此类经验或相应的知识背景，那么对于这类交际活动的进行方式也就很难把握。这时教师要想让这类活动顺利进行，应该采用图画、幻灯片、流程图等辅助手段。干巴巴地读课文、朗读课文不但没有趣味，也不能起到促进学生学习的作用。

四、英语教法

英语教学中并没有统一的方法，英语教学历史上出现的翻译法、直接法、自觉对比法、听说法、视听法、认知法、功能法等，都曾在课堂教学中发挥过一定的作用。历史证明，没有哪一种教学法在英语教学的应用中是最好的、最有效的。如果总在一个班级的英语教学中采用一成不变的教学法，那么学生势必感到乏味，实际上，一堂课也不应该只是用一种教学方法。这些不同的教学法对语言技能的发展各有侧重，因此不同方法的综合运用利

---

15 Cetra Fernando. 习语与习语特征 [M]. 上海：上海外语教育出版社，2000.

于学生英语水平的全面发展。

　　无论采用的是何种教学方法，学生的语言交际都是课堂教学的出发点。教师要尽量将课堂交际与日常实际生活结合起来，鼓励学生有创造性地、有目的地把已学的英语语言材料予以运用，在新的生活场景中重新对语句进行组织，表达自己的感情。教师应力求使教学过程交际化，但这并不是说只要是交际化的内容都可以在课堂中进行，教材内容应该是选自真实生活的自然交际，适合学生的年龄，而强迫儿童学成人交际场景的英语语言显然是不对的。

第五节　英语课堂评估策略

一、英语课堂评估概述

（一）英语课堂评估的功能

　　站在不同的角度，英语教学评估的功能也是不同的，下面主要从学生和教师两个角度来对这一功能进行阐述：

　　1. 从学生的角度看英语课堂教学评估的功能

　　（1）能够使学生意识到英语语言学习是一种过程，从而在这个过程中对自己的学习进行更好地监控。比如帮助他们及时调整学习策略，使他们在了解自己学习情况的基础上，逐渐养成自主学习的习惯，从而做到真正对自己的学习负责。

　　（2）使英语的学习过程具有可视性。通过直观化结果的呈现，利于学生清楚自己的长处和不足，有助于纠正学生在学习中的一些错误观念和错误假设。

　　（3）使学生能真正感受到教师对其英语学习的关注，利于学生端正对教师的态度。

　　2. 从教师的角度看英语课堂教学评估的功能

　　（1）在评估中师生间经常要进行对话，这一做法利于改善师生间的关系，为更有效地开展教学奠定基础。

　　（2）为课堂教学活动和学生日常的学习情况提供必要的反馈，使教师能及时根据反馈调整教学计划、教学方式，使之更加符合教学目标，适合学生的特点，从而提高课堂教学时间的利用率，保证教学效果。

　　（3）这种评估的一系列环节有助于教师成为有意识的教学研究者，为教学方法、教材编排质量等的提高奠定坚实的资源基础。

（二）英语课堂评估的影响因素

　　1. 教师的观念影响英语课堂评估

　　教师对课堂教学评估的态度及其认识直接影响其采用的评估方式。比如有的教师认为课堂教学评估就等于学习测试，那么他们在选择评估方式时就很可能倾向于常模参照，把课堂教学评估当成小考，只是对学生的知识学习进行检查。实际上，这一看法显然未对英语教学评估有一个全面的认识，它是很多教师对课堂教学评估的一个认识误区。在操作时，教师应对课堂教学评估与常规考试的区别有一个正确的认识，弄清课堂教学评估的目的和用途，然后才有可能选择适当正确的评估方式。

2. 学生的认识与参与影响英语课堂评估

英语教学评估其实是一种学生自评，只是在教师的辅助下进行的，在参与上肯定离不开学生，而且学生的积极参与是课堂教学评估得以顺利进行的保证。只有当学生积极参与评估活动，并从中掌握了评估的方法之后，课堂教学评估才能发挥其应有的效力。可见，学生的认识与参与能够保证课堂教学评估的有效性。如果学生认识不到课堂教学评估的作用，也就很难保证积极配合。而且我国学生很多都受传统考试、制度等的影响，因此他们对考试有着固有的敌对情绪，这种情绪带到课堂教学评估中所导致的后果就是存在偏见，很多学生都认为课堂教学评估无用。那么，在实施英语教学评估时，应首先让学生摒除这一偏见，清楚课堂教学评估的重要性和必要性，为了加深学生对评估的正确认识，可以在评估结束时，组织学生分析评估给他们的学习带来的正面效应，以此种方式逐渐扭转学生对英语教学评估的认识。

3. 评估自身影响英语课堂评估

（1）英语课堂评估的方式。我国在各个教育阶段中考试比较多，而多数学生对于考试并不喜欢，学习较差的学生更是如此。要想使课堂教学评估的客观性和有效性得到保证，所采用的评估方式必须能得到学生的喜欢，才能使他们积极配合，从而为课堂教学获得更加全面的信息。对于学生来说，也能使他们对自己的学习有一个全面的认识，具体来说就是既能让学生看到自己的差距，从而调整自己的学习计划和实施方式，又能看到自己的进步，培养其自信，促进学生的进步。

（2）英语课堂评估的参照。在英语教学评估中采用的参照方式会影响评估的质量，而通常的参照一般有常模参照、目标参照等。如果采用常模参照，课堂教学评估就成了水平考试，这种分级的测评不利于学生动机的激发，明显不符合课堂教学评估的最终目的。如果采用目标参照，在评估时就是参照课堂教学和学习的目标检查学习的效果，这种方式利于寻找学习及课堂教学中存在的问题，以便给予解决或改进，但这种观点也不能一概而论，如果能够对所选择的参照进行合理、有效地使用，也能收到不错的效果。

（3）英语课堂评估的内容。英语教学有一个目的是培养学生的自主学习能力，而这一能力所要求的不仅仅是知识，他们更需要学习策略方面的训练，而在这些训练中，自我监控策略是重点。为了让学生能够通过课堂教学评估而使其自我监控能力得到培养，需要注意的主要有两点：一是需要对课堂教学任务的完成情况进行评估，其中的"任务"不只包括教师的，还包括学生的；二是需要对学习策略的使用情况进行测评，而且后者比前者更重要[16]。除此之外，在评估过程中还要给学生更多的时间和机会来反思自己的学习过程，以期给出更全面而准确的信息。

二、英语课堂评估策略概述

（一）英语课堂评估的原则

1. 英语课堂评估坚持目的性原则

教师与学生都需要对英语教学评估的目的有所了解，才能保证评估的顺利进行。从教师的角度考虑，评估方式不同，那么其预期目标与适用的范围也就不同，因此老师对于各种评估方法的目的和其预期的效果应有所了解，才能正确地选择评估方式。在了解各种评估方式的基础上，教师在选择时还应结合自己的班级和课堂的具体情况，且注意各项方法技巧的作用。这样下来，才能使得实施与目的的一致性。

从学生的角度考虑，要让他们清楚课堂教学评估的重要性，了解各种评估方式的操作和作用，从而使其在充分了解的基础上能够积极配合，保证课堂教学评估地有效进行。

2. 英语课堂评估坚持过程性原则

这一原则其实就是要求保证课堂教学评估要经常进行。因为课堂教学评估是监控学习过程的一种手段，以形成性测验为主，与简单的单元测验和期中、期末考试都不同，也不是总结性测验，因此必须经常有规律地进行，使其形成一种过程的连续性，才能保证其实施的效果。贯彻这一原则的最好办法就是将评估纳入正常的课堂教学之中，这样才能使其对学生的学习和教师的课堂教学真正起到实时监控的作用。

3. 英语课堂评估坚持变化性原则

评估的方式有很多种，比如有口头、书面、自评、互评等。但这些方式的选择并不只是要考虑其适应性，还应注意根据学生的具体情况进行适时的变化，如采用小组活动或两人活动等。

4. 英语课堂评估坚持效率性原则

影响英语教学评估有效开展的因素有很多，如学生的配合、评估的方式等，因此，为了保证课堂教学评估的有效进行需注意以下几点：

（1）英语教学评估以学生自评为主，而且评估侧重目标的完成情况，然后从中发现存在的问题以便给予解决。因此，评估的整个过程都需要让学生理解。比如让学生理解所采用评估方法的作用和操作方式，"反馈链"中每一环节结束时所采用的处理方式需要引起教师的特别注意，一定在每个环节结束后采用恰当的方式使学生清楚课堂教学评估的作用和价值，而且最后要让他们看到课堂教学评估给他们带来的效益，最好能够给予直观化的呈现。

（2）及时监控评估中所采用的方法，因为它可以直接影响评估的结果，并在评估实施

16　邓炎昌，刘润清 . 语言与文化 [M]. 北京：外语教学与研究出版社，1999.

的过程中及时发现问题，调整方法的选择和具体操作，从而使得课堂教学评估的有效开展得到保证，充分发挥课堂教学评估的作用。

（二）英语课堂评估应注意的问题

1. 以学生为中心

为教师和学生提供教学及学习方面的信息反馈是课堂教学评估的一个目的。通过反馈，教师可以观察学生的学习状况，然后根据具体状况来采取针对性的措施，以提高课堂教学质量，促进学生学习的进步。从评估和评估反馈的目的看，都围绕着学生，所以，评估活动的开展应以学生为中心。但有的教师在评估时往往忽略这一点，结果教师成了活动的主角。

2. 以教师为指导

课堂教学评估是教师组织教学的一种手段，也可以说是一种策略，能够有效地促进教学。虽然评估最终由学生完成，但教师在其中的自主权很高，比如评估内容及方式、处理反馈信息的方式等都由教师自己确定，也就是说，课堂评估很大程度上是在教师监控的情况下学生进行的自我评估，但从总体上看，它是以教师为指导的。所以，在操作评估的过程中，教师要把握好自己在其中的角色定位。

3. 注意评估的灵活性与多维性

（1）评估标准的多维性。评估标准是否科学很大程度上影响着英语教学评估结果的精确性。传统评估重视科学性与客观性，而且往往用一个共同的标准或模式来进行评估课堂教学，当然，这样的评估并不是不能够有效地预测和控制教育现象。但在这样的传统课堂教学评估的导向下，很多学校对学生的要求都是采用统一的标准，这很容易抹杀学生的个性差异，导致学生创新性降低。而社会越发展，对学生的个性发展要求越高。这时，课堂教学评估标准应该具有多维性，才能满足这一要求。

（2）评估主体的多维性。评估的主体并不只包括教师，还可以包括的人员有专职的评估机构、教育决策机构、学校管理人员、学生家长、学生群体和个体等。英语教学评估应该改变传统的单一教师评估模式，应该让更多的主体参与其中，这才是评估发展的趋势，而且评估主体间的沟通协商、评估主体和被评估者之间的互动与合作也很重要。在评估时，每个主体所处的角色与地位一般都会发生一定的变化。比如学生传统上是被动的受试者，在评估时应变成主动参与者，教师传统上是评估的权威，在评估时应变成组织者和参与者，家长传统上是评估的旁观者，在评估时应变成促进者等。这种变化看似是地位上的变化，其实在根本上显示了评估观念的变化。

（3）评估形式的多维性。在进行英语教学评估时，所选择的评估形式如果趋向单一化，往往很难得到全面而客观的评估结果，而坚持评估形式的多维性才是趋势。例如，形成性评估与终结性评估相结合，结果与过程都给予关注，而重点是形成性评估；综合性评估和单项评估相结合，其中重点是综合性评估等。随着英语教学在全国乃至全世界的普及，英语教学评估也引入了很多新的评估形式，如观察记录、面谈采访、问卷调查、对话日志、问题解决、模拟表演、项目活动和学习档案等，这些新的评估形式对英语教学地有效开展创造了更加有利的条件。

第四章 多模态话语分析在英语教学中的理论研究

第一节 多模态话语理论与英语听力教学

随着高校英语教学工作改革的发展,英语听力教学作为英语教育最基础、也是最困难的部分,受到了英语教育相关领域的高度重视。在高校英语听力教学过程中,引入多模态话语理论,有利于充分利用视听教学资源,提高学生自主学习能力,促进教学模式的多样化发展。因此,高校英语听力教学工作要以多模态话语理论为依据,科学制定教学要求,探索英语听力教学新选择,理论联系实际,提高高校英语听力教学效率。

近年来,高校在英语教学尤其是听力教学中,不断加大专业教学设备的投放力度,使得听力教学工作在物质基础和教学环境保障方面有了显著提升。将多模态话语理论分析引入英语听力教学并在教学过程中加以应用,是高校英语教学改革的有效尝试和积极探索。基于此,文章在英语听力教学设计上,就多模态话语理论应用于高校英语听力教学的优势、教学设计要求和方式选择以及在具体教学中的实践策略等问题进行详细地阐述。

一、多模态话语理论应用于高校英语听力教学的优势

在高校英语听力教学中引入多模态话语理论,就是在英语教学中运用视觉、听觉、触觉等多种感官,用不同信息交流进行教学的方式,这有利于充分利用视听教学资源,提高学生自主学习能力,促进教学模式的多样化发展。

(一)有利于充分利用视听教学资源

当前互联网技术和多媒体平台辅助下的高校英语听力教学,已经越来越重视视听教学资源的开发和利用。在基于多模态话语理论基础的英语听力课堂中,教师可以通过互联网获得大量的听力教学资源,同样也可以借助多媒体技术制作出与课堂教学目标相吻合的视听教学资源。视听教学资源作为网络技术的产物,从"视"和"听"两个角度出发,作为调动学生学习方式转变的力量,恰如其分地体现了多模态话语理论的基本原理。将多模态话语理论与实际高校英语听力教学工作相结合,有利于更好地对英语听力教学资源中的视

听资源进行挖掘和利用，发挥网络技术对现代高校英语听力教学的正向积极影响，最终促进高校英语听力教学水平的提高。

（二）有利于提高学生的自主学习能力

在以往的高校英语听力教学中，学生学习目标的达成主要靠教师课程计划的安排、具体教学的实施以及考试的制定范围。在这种情况下，学生在学习过程中容易对教学课程安排产生过度依赖，把英语听力的学习局限在课堂之上或考试大纲之内，忽视英语听力学习在英语学习中的重要基础作用，导致对英语听力这门课程缺少足够的重视，同时也缺少了学习兴趣和学习动力，长此以往不利于英语专业学生自主学习能力的提升。而在英语听力教学设计中加入多模态话语理论元素，在一定程度上丰富了教学目标的层次性，为学生的主动学习提供了有力的客观条件，能够激发学生的学习热情和动力。

（三）有利于教学模式的多样化发展

传统的英语听力课堂教学模式受限于英语课程内容的规定和安排，常常处于"时间紧，任务重"的不良状态，在教学教法和内容定位上也偏向于是对英语其他课程的服务补充。课堂听力练习和教师的讲解是课堂内容最重要的组成部分，而多模态话语教学理论的应用打破了这种境况，使得教师必须从过去陈旧的单一的英语听力课堂教学模式中跳出来，顺应当今时代高校英语教育的发展趋势，不断探索英语听力教学的新思路和新模式，改善教学工作中存在的问题，使多模态话语理论在实际听力教学应用中的效果得到充分发挥，进而提升自身的英语听力教学水平。

三、基于多模态话语理论的高校英语听力教学设计要求

高校英语听力教学工作开展，要基于多模态话语理论，考虑培养目标和培养对象的特殊性，联系院校英语教学的实际情况，丰富多模态听力课堂教学资源，提升教师多模态话语教学能力，培养学生多模态听力学习能力。

（一）丰富多模态听力课堂教学资源

基于多模态话语理论的高校英语听力教学，要求教学设计者在听力教学过程中不断开发创作内容丰富、具有时代气息的实用性强的课堂教学资源。而在如今信息技术高速发展的时代，依据多媒体技术，在英语听力教学课堂中融"视""听""说"三方面为一体的教学资料更有利于学生的英语学习。在视听说教学资源的应用下，重点培养学生的英语听力能力，把"视"和"说"作为有效的辅助手段，科学合理地运用在听力能力的提升策略中。在多模态话语理论基础下，通过丰富听力课堂的教学资源，把高质量的视听资源应用于日常教学中，通过看和说的辅助手段，提升听力课堂的教学效果。

（二）培养学生多模态听力学习能力

对于高校大学生的英语学习来说，不能把英语听力课和英语阅读、写作课等其他课程

的学习分隔开来，实际上，英语学科所有课程之间的联系都是非常紧密的，英语听力课并不能完全独立于其他课程而存在。要在实际教学过程中有目的地融入其他科目的学习内容，达到听力课程作为英语学习基础课程的实际效果。同时英语听力课程又具有其独特性，英语听力教师要把英语语言基础中的语音因素、词汇因素、语法因素、句法因素以及习惯表达、语言特殊化处理等方面，尽可能全面地放入听力教学过程中，全方位多角度地培养学生的英语听力能力。

（三）提升教师多模态话语教学能力

在高校英语听力课程的实际教学过程中，教师的教学能力受到学校课程规划、学生学习态度、教学设施条件、教师自身教学水平等方面的共同影响。在基于多模态话语理论的高校英语听力教学设计要求下，必须综合教学环节实施的多方面因素，全面地提升教师的英语听力教学能力。把握多模态话语语言教学的基本理念，在英语听力课堂上把教学计划和教学内容重新整合，创新思路，钻研教法，利用好网络教学资源和多媒体教学设备，在实际教学过程中磨炼教学技巧，提高英语听力课堂教学水平。

四、基于多模态话语理论的高校英语听力教学设计选择

多模态话语理论基础下的英语听力教学，要十分重视教学模式的选择。例如针对不同年级的学生，可以采用不同的教学模式，重视不同阶段学生学习能力和学习目标的不同，选择合适的教学模式。

（一）听觉模式和视听模式

在高校英语听力教学课堂中，听力材料一般以音频形式出现在教师的课堂设计中，结合教师的讲授，听力练习在学习过程的感官动用只涉及听觉。在偏向单一化的以听觉模式为主的英语听力课堂中，学生的听力能力得不到全面地锻炼和提升。听觉灵敏性缺乏具体情境的支撑，容易造成学生在听音频材料时经常走神的状况，由于过于紧张大脑放空，因而无法准确获取所听信息或无法有效识记重要信息。听力效率低下最终引发学生对听力学习兴趣和信心的下降，影响英语听力教学的整体效果。

所谓视听模式，就是在高校英语听力教学中，把听力课程的以听为主的训练模式转换为视觉与听觉模式相结合的综合型模式。基于多模态话语理论，这里所说的视觉模式，结合高校英语听力教学的具体内容，就是听力课堂中采用的教学资料中包含的图片、视频画面信息以及教师授课过程中的肢体语言等视觉信息。而视听模式则是在听力课堂传统的教学模式下，把视觉感官系统与听觉感官系统联系起来，对课堂教学资料中的图像信息和声音信息同时在大脑中进行加工处理，把原本单一的音频信息放在有具体生动情境展现的视频信息中，同时调动了课堂中学生的视觉和听觉，使得学生在对文本的理解上更明确、更清晰、更有记忆点。从另一方面讲，这种英语听力教学中视听模式的选择可以激发学生的学习兴趣，保持听课动力，保证学习动力，提升自主学习能力。

（二）视听说模式和视听写模式

多模态话语理论下的语言教学，采用视听说教学模式，是更具综合性的听力教学实践拓展。视听说模式是在视听模式的基础上加入英语口语练习，把基于视觉感官和听觉感官系统同时调用的视听模式加入"说"这一知识输出途径，把通过视觉和听觉内化后的信息结合具体的会话情境用口头形式表达出来，训练学生听力基础之上的英语综合能力。

另外，在高校英语听力教学中，以视听写教学模式开设的听力课堂逐渐涌现。视听写教学模式下，更注重对学生听和写能力的培养。基于多模态话语理论下的英语教学，结合英语期末考试或语言等级考试中相关听写题目，视听写教学模式具有较强的实用性。当然，无论是视听说模式还是视听写模式，都是基于英语听力学习的拓展模式，在实际教学应用中，都要注意把听力训练这一最基本最重要的教学内容置于核心位置，同时也要让学生认识到听力教学的目标是为了在实际英语会话情境中得以运用，所以"说"和"写"在听力教学模式拓展中的重要性也不容忽视。

五、基于多模态话语理论的高校英语听力教学设计实践策略

基于多模态话语理论的高校英语听力教学在实际实践中，要从微观的角度细致全面地进行教学设计。在课堂设计的每个环节中充分利用多模态模式，制定科学合理的听力教学目标；制作多模态语言知识教学素材；增加多模态话语课堂互动环节；运用多模态话语教学评价系统。

（一）制定科学合理的听力教学目标

在基于多模态话语理论的高校英语听力教学设计中，要结合院校的教学改革计划，制定科学合理的听力教学目标。针对高校英语听力课程的教学目标，教师在日常教学中由于缺乏相应的具有层次的指导，因而常常难以达到提升学生英语听力水平的目的。由于听力教学计划的不科学不合理，教学内容时而偏难时而偏易，因而在课堂教学中引起学生对所学内容安排的困惑和怀疑。在听力课堂中，制定科学合理的阶段性听力训练目标，增加对听力细节的反复训练，结合教师在多模态话语理论基础下的具体指导，使学生的英语听力能力得到有效提升。在科学合理的教学目标指导下，学生在英语听力方面的综合能力以及实践能力也会稳步提升。

（二）制作多模态语言知识教学素材

教师在听力教学计划实施中，要重视多模态语言知识教学素材的制作。在一堂完整的英语听力教学课堂中，教师所使用的教学素材以及素材展示设备是课堂的物质基础和环境基础。听力教师在教学设计中，充分利用院校配备的各种现代化的专业听力教学设备，结合本堂课的具体教学内容制作教学素材。在多模态话语理论基础上，教学素材的制作要考虑到课堂对学生听力训练的全方位影响，把包含图像画面、声音语言的素材进行合理运用，

重视学生视觉系统和听觉系统的互通。例如，在教学过程中将内容合适的音乐、影片等音像资料应用于课堂。此外教师在指导讲解时，要注意把语言表达、肢体动作配合和情境表演准确生动地传达给学生。

（三）增加多模态话语课堂互动环节

增加英语听力课堂的互动环节，不仅是多模态话语理论下听力教学设计的基本要求，还能推进多模态听力课堂设计的创新探索。总结以往传统常见的高校英语听力课堂教学模式，英语教师是课堂绝对的主导者，全面掌控着课堂内容的呈现方式，这种状况下很容易造成学生课堂参与的缺失，学生作为被动学习的一方，只能机械地接受单一的听力训练，视觉系统和其他感官系统在学习中不能被充分地调动运用起来。课堂中教师与学生、教师与学生之间的互动环节较少，缺少了课堂互动实践的乐趣，不能有效结合学生对英语听力学习的具体需求从而激发学生的学习兴趣，导致听力课堂的教学设计缺少活力。而在课堂的引入环节设计小游戏或者表演环节，增加课堂趣味性的同时，有利于提升教学效果。

（四）运用多模态话语教学评价系统

高校英语听力教学工作，想要在教学水平和教学效果上取得突破，必须建设完善的教学评价体系。因此，在高校英语听力教学中必须将多模态的教学评价手段引入其中。高校英语听力教学评价体系和其他科目一样，不是只有期末考试这一种方式，事实上，整个学期的日常作业，小组活动以及教学课堂本身都是教学评价的体现。英语听力教学在多模态话语理论基础指导下，可以更灵活多变地进行教学评价与反馈。教师结合日常听力教学工作的实际情况，对学生的课后训练作业和学习效果及时跟踪指导，通过校内专属互联网教学评价平台，从多模态角度对学生学习情况进行全面评价。在以教师评价为主要评价参考依据的前提下，开通学生之间的互评模式，完善听力教学反馈系统。

综上所述，基于多模态话语理论的高校英语听力教学设计，要立足于理论本身的优势，积极实践多模态话语理论指导下的英语听力教学方法改革。在教学设计要求、教学设计选择方向和具体教学实践的实施上下功夫，将理论和教学实际相联系，逐步改善客观教学环境，提高主观教学能力和教学水平。在英语听力教学领域积极创新，与时俱进，提高听力教学质量，促进高校英语教学整体水平的提升。

第二节　多模态话语理论与英语词汇学教学

随着现代科学技术的快速发展，多媒体所带来的视觉文化冲击和视觉交际方式的多元化影响着语言教学的改革和发展。语言与技术密不可分，在信息网络技术快速发展的背景下开展语言教学越来越多模态化。本节基于多模态话语理论，立足于英语词汇学课堂教学，探索构建英语词汇学多模态教学模式。

英语词汇学是英语专业高年级阶段的理论知识核心课程，是由语言基础阶段步入提高阶段的一门综合性理论课程。其教学目的在于让学生通过学习英语词汇学的基本理论知识，了解词汇学的研究动态和研究方法，对英语词汇学具有比较系统和完整的知识体系。该课程理论性较强，对于教学方式和教学内容呈现有较高要求。如果照搬传统的教学模式，以教师一言堂贯穿整个课堂，学生只能被动地接受课堂知识，这种单一的词汇学课程教学模式势必使学生学习的主体性不断丧失，严重影响课程教学效果。因此，打破传统教学模式，建立一种符合现代学生认知规律和认知习惯的新教学模式迫在眉睫。

随着现代科学技术的快速发展，多媒体所带来的视觉文化冲击和视觉交际方式的多元化影响着语言教学发展。20 世纪初，国外学者纷纷开展多模态话语理论在语言教学中应用的相关研究。自 21 世纪初，国内学者也开始借助多模态话语理论探索英语课程教学发展与改革。通过中国知网检索此类研究发现近五年来的相关研究论文数量较多，达到平均每年 260 余篇。通过仔细梳理，笔者发现此类文章大多集中在中小学英语教学、高职高专公共英语以及大学英语课程教学相关方面。其中，应用多模态话语理论探索高校英语专业课程教学的文章主要集中于英语专业听力、阅读、写作等课程，而对于英语专业高年级阶段所开设的英语词汇学课程的研究较少。本节将多模态手段应用于英语词汇学教学过程，为课堂教学模式构建多元化教学体系，利用多模态在教学过程中的互补作用，有效发挥其表意功能，辅助教师高质量完成课堂教学。它比纯粹的理论讲解更具趣味性，学习者可以透过多模态从不同层面进入词汇的世界，有效吸收课堂知识。

英语词汇学是英语专业高年级阶段课程，该课程理论性较强，对于教学方式和教学内容呈现有较高要求。虽然有不少学者做过词汇学教学相关研究，但笔者通过梳理近五年的相关研究发现，将多模态话语理论应用于英语词汇学教学的研究并不多。学生对词汇学课程内容的感知和识别是多模态的，主要通过视觉、听觉、触觉等感官模式对信息整合并加以理解。将多模态模式应用于词汇学教学中，构建多元化的教学方式势必产生良好的教学效果，因此，在科学技术高速发展的今天，探索如何在多模态语境下构建高效的英语词汇学教学新模式变得尤为重要。

多模态课堂教学离不开老师的教与学生的学，本节将从三方面阐述如何有效构建英语词汇学多模态教学新模式。一方面，教师可以从教学内容、教学方法与手段上采用不同的模态形式传授课程知识；另一方面，学生根据课堂知识难易度运用多模态观察、分析获取知识，对知识进行整合与加工。

一、教学内容的改革

通过几十年的努力，国内词汇学出版教材日益增多，这些教材虽然在内容上变得越来越丰富，但随着社会文化的发展，部分内容也略显陈旧。此外传统词汇学的教学内容多以各章节知识点为讲授重点，课本上的知识点并不能与学生的现实生活和实际运用结合起来，导致满篇幅的词汇学内容容易让学生失去兴趣。

　　在教学内容的选择上，教师要充分利用多媒体课件、网络、视频、图表等对教学内容进行补充与精化。我们以张维友的《英语词汇学教程》第二章第一小节印欧语系为例谈谈笔者在教学内容改革上做的尝试，本小节主要内容是向学生展示印欧语系的相关情况。在讲授这一小节前将世界语言的数量、划分类型给学生进行简要地介绍，通过对这部分课外内容的扩展丰富学生们对英语语言分类的深入理解，帮助学生从更高的层面来认识世界语言的构成。在拓展过程中材料模态的选择是多样化的，如通过师生问答等视听模态引起学生注意；通过 PPT 图像模态展示世界语言划分类型图，将同学们熟悉的语言如汉语、日语作为例子介绍它们在不同的世界语言划分类型上分属于哪一分支；最后再回到课本通过图表归纳模态呈现印欧语系分类；在课堂上采用互动模态让学生观察影响英语的主要语言分别属于印欧语系下的哪一分支，然后再展开一系列的讨论让学生真正参与到教学中来，使学生能深刻理解世界语言与英语语言发展之间的关系。教师对教学内容进行较为全面和系统的补充，能帮助学生全面了解英语在世界语言中的地位和划分情况。这样多元化的教学内容既简洁完整又丰富多彩，打破了教材内容单一模态的局限性，有效促进学生对课本知识的吸收。

　　张德禄认为，模态选择的总体思路是充分利用现代科技等媒体手段，最大限度地表达话语意义，以获得最佳效用。因此在教学内容的选择上应该改变传统的词汇教学模式弊端，即只将书本知识满堂灌给学生并不顾及学生的接受能力。当然，改变和丰富原有的教学内容应该建立在深入调查了解学生认知能力水平的基础上，教师应多花功夫对教学对象的能力结构和兴趣、教学环境、教材内容等进行分析，通过网络以及图书等渠道获取并挑选符合学生认知水平的多样化教学内容，这样才更有利于学生对理论的理解和记忆。

二、教学方法的改革

　　教师按照课程各章节内容设计利用多种教学手段调动学生的感官认知，如采用视频、图画、图表、学生展示活动等模态。在课堂上将多模态有效融合能准确高效地向学生传递信息，使词汇学课堂教学最优化。

　　传统词汇教学方法主要为单媒体、单模态(即语言模态)形式，老师讲授贯穿整个课堂，学生参与度不高。在全球趋于多元化、技术化的今天，课堂教学不再是"语言独尊"，应充分协调语言、图像、声音等多种模态共同完成教学任务，实现教学目标。从模态角度看，词汇学课堂教学新模式应涉及多种模态的协同配合，以视听模态为主(即老师讲学生听)，辅以视频、图画、图表、学生展示活动等多模态形式，为词汇学学习创造多模态语言环境，使课堂更加生动有趣，增强学生课堂参与度，提高课堂教学效果。

　　教师应根据课程内容选用和整合多种模态，让学生充分参与体验多模态课堂，发挥多模态话语的最大优势。我们以张维友《英语词汇学教程》第二章第二节以及第四节为例谈笔者在教学方式改革上做的尝试，第二节主要讲英语词汇发展的三个阶段（古英语、中世纪英语和现代英语），第四节主要介绍英语词汇中的外来语。在仔细研究两小节内容之后，决定打乱教材的原有顺序，将两小节整合到一起，再将教学内容做一些延展，设计以时间为讲授主线，向学生展示英国不同阶段的被侵略历史，最后将英国历史和语言发展联系起来介绍第四小节内容。整个教学设计涵盖 PPT 展示、视频播放、图像显示、图表呈现以及角色互换等多模态教学手段；上课过程主要以口语模态为主，为学生讲述英国早期历史，辅以生动的图片（如英国的地理位置图片以及各侵略阶段的相关图片等）和图表，在讲授不同阶段的侵略历史时为学生播放相关视频；最后第四小节内容通过角色转换让学生参与到课堂中，增强学生对之前所学内容的内化度，提高内容记忆的持久性。教师根据不同课程内容协调多模态在意义构建中的互补作用，有效调动了学生的多种感官，加强认识联系，充分发挥了多模态课堂教学的优势。

三、学习方法的改革

在传统的词汇学教学中，学生只有语言单一模态的输入，学生普遍感到学习过程枯燥，学习效果不好。如今，网络媒体为学生提供了大量的视频、音频、图像等语言素材，学生不再是只面对教科书中有限的内容学习了，他们可以选取自己感兴趣的语言材料进行深入学习。此时教师应注重培养学生探究式学习，利用网络资源精心设计一个语言情境，将语言任务分配给学生，这样能大大激发学生的学习兴趣，提高学生的学习效率。

此外，词汇学多模态教学模式提倡学生运用多模态观察、分析、获取知识，注重培养学生的自主学习能力和团队协作能力。教师通过分组讨论、角色互换、情景表演、辩论赛、师生问答等帮助学生体验视、听、触觉等多模态信息进行自主学习。以角色互换为例，教师选取适当的教学内容与学生进行角色互换，改变了以往老师一人讲、学生被动听的局面。学生通过网络上各种模态的帮助了解所要学习的知识，通过小组内的分工合作整理知识和呈现知识。这样的学习方式充分发挥了学习者的主观能动性和团队合作能力，开拓了学生看问题的角度，培养了学生的自主学习能力。

现代信息化技术为词汇学多模态教学模式提供了新的环境和条件，教师充分利用各种资源根据学生学习的认知规律设计制作集图像、语言、音频、视频等意义构建资源于一身的多模态课堂。与传统的词汇学教学模式相比，多模态教学通过构建多维度的沟通方式刺激学生的多种感官，实现教师多模态地教，学生多模态地学，从而提高学生的主观能动性，促进词汇学理论知识地理解和吸收，有效优化词汇学教学效果。教师在多模态课堂上的作用从主导者转变为引导者。词汇学多模态课堂对教师提出了更高的要求，首先教师需要不断更新教学理念；其次教师应根据教学内容、教学对象的特点、课程难易度等选择和组合多种模态设计具体的教学环节，充分利用各种资源，特别是现代教学媒体，为学生打造生动丰富的多模态教学课堂。虽然多媒体课件应用在词汇学教学中已经普及，但对于词汇学多模态教学模式的探索还处于起步阶段。笔者通过结合自身教学实践对词汇学多模态教学模式进行了初步尝试,希望为词汇学多模态教学改革与发展提供参考和借鉴。

第三节　多模态话语理论与英语写作教学

写作能力一直是英语学习所要掌握的一项基本技能。在我国现代英语写作教学过程中,大多数英语教师采用双模态甚至是单模态教学法,虽然各种模态的应用形成一个连贯体系,但是却难以有效激发学生对于英语写作学习的兴趣,难以调动学生学习的积极性和主动性,难以提高学生英语写作学习效果,最终失去写作学习的兴趣,但是多模态话语分析可以有效解决这个问题。

一、多模态话语分析理论基础

(一)认知弹性理论

在建构主义学习观中,学习者要借助一定社会文化背景和他人的帮助,对必要学习资料进行利用,通过意义建构方式获得知识。认知弹性理论作为建构主义学习理论发展的最新分支,其倡导者———斯皮罗提出了认知灵活性理论,主要是从信息加工的角度对建构性学习过程进行解释,并且要使用多元知识表征来对学习者的认知弹性加以增强,以此来达到对丰富理论概念学习的充分理解。在斯皮罗认知弹性理论的影响下,随即访取教学模式,并且随即访取教学模式研究学者认为,学习者学习同样的知识内容可以随意通过不同方式和不同途径,从而获取对于同一问题或同一事物多方面地认识和理解。随机教学过程中所运用的各种媒体交互技术,为学习者提供一个立体复杂的学习环境,鼓励他们对于学习知识的探索和建构,而且教师要主动提供学习知识的多元表征方式,如多种方案、多种模式、多种观点,使学习的知识能够适应各种情境变化,更富于灵活性,也增强了知识的覆盖面和迁移性。

显而易见,建构主义认知弹性理论在网络和现代教育技术广泛应用的时代,提供最为理想学习环境的条件已经逐渐具备。特别是多媒体技术的产生和应用为写作情景的创设提供了最为有效的工具,基于互联网的网络环境也为学习者学习英语写作提供了丰富的写作资源和素材,为他们超越地域和时空的学习交流提供了基础,更是为教师和教师、教师和学生、学生和学生之间的互动提供了便利条件。与传统教学模式相比,基于网络支撑的多模态英语写作教学为学生提供了及时的沟通、宽泛的帮助、合适的资源,而且也能为学生在学习过程中寻找解决问题的方法,同时为自身知识建构提供支持和帮助。

(二)多模态话语分析理论

学者 R.Barthes 在其论文 Rhetoric of the image(中文译作《图像的修辞》)中,对图像在表达意义上与语言相互作用进行了深入探讨，成为最终从事多模态话语分析的研究学者。后来，学者 Kress, G. 和 van.Leeuwen, T. 两人也先后多次对媒体和模态的关系进行了研究，专门对多模态现象规则地阐述意义这一现象进行分析，包括报纸的版面设计、视觉图像、颜色语法与不同媒介之间的作用等，主要是以功能语法为基础，以社会符号学为视角进行探讨，并认为曾经在人们传统习惯中被认为处于辅助地位的视觉符号、音乐、图像等副语言，在交流中的作用已发生了很大的改变，从而与文字符号共同参与到各种意义的构建中。换言之，在交流活动中不同符号模态进行有机结合，可以在一个特定的文本中，以不同方式共同参与构建意义。

多模态又被称为是多符号，主要是指任何一种以上的符号在编码过程中可以实现意义的语篇符号资源。学者 Scollon 和 Le Vine 基于社会语言学的角度对多模态进行研究，认为多模态就是指人们在交际过程中所采取的图像、味觉、色彩、言语等多种模式。国内学者顾曰国认为，模态主要是指人们通过视觉、听觉等感官，与动物、物件、机器、他人等外部环境的一种互动，如果使用单个感官进行互动，称之为单模态，如果是两个或两个以上的感官实现互动的话，则称之为多模态。Kress 和 van Leeuwen 认为，基于模态内涵的界定和分析，我们可以认为多模态话语主要是指融合了图像、文字、声音等多种交流模态，传递信息的语篇。学者李战子认为，多模态话语主要是指不仅包括文本，同时还有图表和图像等复合话语，也可以认为任何由一种以上的符号编码所实现意义的文本即为多模态话语。学者张德禄认为，多模态话语主要是通过动作、声音、图像和语言等多种符号资源和手段，运用触觉、视觉、听觉等多种感官进行交际的现象。

根据国内外学者对于多模态话语的分析，我们可以认为模态主要是指人们在交流时候，可能运用到的动作、文字、图表、图像、书面语言等各种符号资源，多模态就是指人们在交流过程中所使用到的两种以上符号资源的一种交际方式。如果人们在语篇交际的过程中，使用了两种或者两种以上的模态，那么多模态话语就因此而产生。

二、我国当前英语写作教学中存在的问题

当前，英语作为国际交流的主要语言，在国内教育中越来越受到重视。据最新一项统计调查结果显示，全球大约 7.5 亿人把英语当作是母语或第二语言，世界上大约有 80% 以上的电子存储信息是用英语这种语言形式完成的。高校作为我国英语教学的主要阵地，学生虽然对于英语学习十分重视，但是由于教学方法存在诸多问题，因而直接导致课堂教学效率低下，特别是在英语写作教学方面尤为如此。据不完全统计，在全国大学英语的四、六级理念考试成绩中，满分 15 分的英语作文平均分数大约在五分到七分左右徘徊不前，学生在英语写作过程中所暴露的文理不通、结构不清、语法不顺、词语不全等问题十分严重。许多英语教学工作者普遍认为，必须要对英语写作教学方法进行改进，提高学生英语写作能力。

（一）学生英语写作学习动力不足

自我国从 1999 年实行高等教育产业化以来，全国各个高校进入大规模扩招阶段，基本上所有的高校都设有英语专业，直接导致社会对于英语专业学生的需求和高校英语专业毕业生数量之间的供大于求局面，对于各个高校英语专业学生的学习动力产生直接影响。在一些高校中，有一半甚至是更多的英语学习者都不愿意主动完成教师所布置的课外学习任务，对于英语学习成绩要求也不高，认为只要能够及格就行，对于学校所举行的各种英语写作方面的比赛或者活动也不是十分热衷于参加，宁可花费更多时间去参加社会实践或者是学习其他专业技能。

（二）对于英语写作能力教学的不重视

我国教育资源始终处于较为紧缺状态，大班教学是我国英语教学所采用的主要组织形式。在我国一些城市中，50 万人口左右的城市中，公立和私立中学在一起也就 20 所左右，每个班级学生都在 50 人以上，甚至会高达 80 多人。面对学生如此众多的班级，英语教师不会有太多的时间和精力用于培养学生的英语写作技能和认真批改学生英语作文。在一些高校中，非英语专业学生没有专门的时间用于培养其写作能力，有的英语专业虽然每周设置了两节英语写作课程，但是一个学期也仅有 32 个课时，很难确保学生在英语写作方面有明显提升。有的高校甚至根本就不会设置专门的英语写作课程，由英语精读课老师承担着提高学生写作能力的重任，学生真正拥有英语写作教学课时仅占到阅读教学课时的五分之一甚至更少。由于学校对于英语写作教学的不重视，因而直接导致学生在英语写作方面兴趣的低下和写作能力水平低下等问题。

（三）英语写作教学方法单一

我国一些学校中的英语教学手段十分单一，至今仍然延续着传统课堂教学方式，放学以后给学生布置一篇英语写作任务，第二天再由学生将完成的任务上交给老师，教师根据自己时间和精力，对其英语作文进行批阅。手段单一，很难有针对性的提升建议和措施，长此以往，学生可能就认为英语写作技能可有可无，无足轻重，直接导致其英语写作学习兴趣不高、动力不足、效率不高等问题。

三、多模态话语在英语写作教学中应用的实证分析

为研究多模态话语在应用写作教学中应用是否真的可以提高学生的英语写作水平，本节采取实证研究方式，对其进行验证。

（一）实验假设

本研究假设在英语写作教学过程中，教师使用多模态话语可以充分调动学生对英语写作学习兴趣，有效发挥学生学习主动性和积极性；在英语写作教学中应用多模态话语，可以有效增强学生在英语写作方面的选材、立意和审题能力，可以有效提高学生的英语写作

成绩。

（二）实验对象

本研究以安徽省合肥某高校英语专业二年级两个班级的 119 名学生为实验对象，其中一班的 60 名学生作为实验群体，二班的 59 名学生作为控制群体。两个班级都由同一个老师授课，采用教材完全一致，课程教学进度也基本一致，而且在入学之初，其英语成绩基本相当。在参加这次试验之前，他们已经接受了一个学年的大学英语学习，在此过程中，老师未曾对他们的英语写作能力进行专门的提升训练。在试验期间，两个班级的学生在学习英语课程的同时也参与到试验过程中。

（三）实验工具和试验方法

本次研究是在大学英语专业二年级两个班级中同时进行的，其试验工具主要包括访谈、对学生课堂行为的观察、前测和后测、问卷调查等。前测后测试卷主要是统一命题作文，要求学生必须在 30 分钟内独立完成一篇熟悉主题内容的英语作文，题材不限，字数不少于 130 字。评分标准参照全国英语四六级英语考试写作部分评分标准，共分为五个档次。学生在完成测试以后，要把试卷密封交给三位老师统一阅卷。教师则采用定性和定量分析的方法，对学生学习效果进行分析。

（四）研究过程

第一，研究步骤。本实验持续时间为 20 周，其中第一周是对学生英语写作方面的能力进行深入了解。通过前测方式，对学生在英语写作方面的水平有总体掌握。第二周到第三周就是给实验群体学生介绍多模态话语的概念和内涵及相关知识，使其对此有一定了解。第四周到第 17 周是将实验群体学生置于网络背景下的多模态话语写作教学模式实验环境中进行分析。在对学生进行分析研究过程中，主要是采用写前准备、初稿、反馈、修改和成稿五个环节来完成的。

第二，教学案例。本实验以《现代大学英语》第二册的第 2 课《Maheegun My Brother》为例，通过对主人公与 Maheegun 之间的感人故事分析，呼吁人要和自然相互依存，要和动物亲如兄弟，进而向学生灌输要爱护自然、保护环境的主题。在课程学习完成以后，要求实验群体学生完成一篇关于 Human and Nature 不少于 130 字的短篇作文。并且在实验过程中，针对控制群体和实验群体的学生，设置了三个相同的问题：文章中的 Maheegun 可爱之处在哪里？我们应该如何与自然和谐相处？我们应该如何去保护自然？

在一个问题中，控制群体学生在老师的帮助下找到了很多关于 Maheegun 那只狼的可爱之处。在如何与自然和谐相处方面，控制群体学生认为"get along well each other"，此时老师就会帮助学生记录他们所想到的词语；但是在实验群体学生中，学生在背景音乐的影响下，一种高大威猛、形象赫然的狼的形象呈现，接着又出现一只毛茸茸的小狼崽与人和谐相处景象，并配以"The wolf cub upset grandma's sewing basket"字样的英语说明，学生就会发挥阵阵感叹，并流露出对于生命的怜爱及对自然的敬畏之情，当看到狼被弓箭射杀的场景，学生则又发出愤怒的叫声。

第一，问卷调查。针对学生在英语写作方面的学习兴趣、学习能力和合作能力等方面的改变，采用问卷调查方式。问卷共设计了 20 个问题，答案从强烈反对到非常同意的升序排列。实验群体学生全部参与问卷调查。通过对调查问卷的分析，97% 以上的学生认为这种教学方法非常好，90% 以上的学生认为自己在英语写作方面的信心更加强烈，98% 左右的学生认为自己与同学合作关系更加紧密。特别是在回答"你对英语写作最为感兴趣的地方是什么？"时，许多学生都认为"写作交流讨论十分适用"及"多媒体教学很重要"。

第二，写作测试。控制群体学生和实验群体学生全部参与到写作测试中。三位教师对学生的试卷分别打分，并且取其分数平均值为最终得分。在分析测试结果的时候，对每个项目的平均分和总平均分进行计算，然后所有数据都运用 SPSS12.0 软件进行分析，将两个群体学生成绩进行独立样本 T 检验，然后再把每个群体学生参加实验前后的成绩分别配对样本检验。结果显示，实验群体学生学生成绩有显著提升，并且在英语写作总体水平上已经超过控制群体学生。

第四节　多模态话语理论与英语阅读教学

《大学英语教学大纲》修订本中指出，"大学英语教学的目的是培养学生具有较强的阅读能力和一定的听、说、读、写、译能力，使他们能用英语进行交流。"由此可见，英语阅读能力处于运用英语各项能力之中，与听力、口语、写作互相融合又各有区别。总的来说，在英语语言运用中，口语和写作属于信息输出；信息输出建立在有一定的信息储存的基础之上。所以，一个人英语水平的提高很大程度上取决于其英语阅读能力如何。

一、大学英语阅读教学中应注意的一些问题

大学英语教学大纲指出：大学英语教学的目的之一就是培养学生达到一定的阅读能力，掌握基本的阅读技巧，能看懂语言难度中等的一般题材文章、科普读物和本专业有关的资料，阅读速度达到每分钟 50 词。与此同时，全国大学生英语四六级统一考试中，阅读理解占了 40%，这更突出了阅读举足轻重的地位。传统阅读教学侧重语言基础知识的分析讲解，尤其是词性、语法的讲解会让阅读变得枯燥无味。值得我们注意的是，语言知识本身是为阅读服务的，是为了帮助读者更精确地理解文章内容从而获取信息的手段，因此，讲解阅读，不妨从阅读的基本理论着手。

在阅读过程中，人们的信息处理方式是自下而上的，即阅读是从最小的文字单位如音素、词素、词语等起始，通过译码而确立文字的意义，然后对脑海中已有的相关知识和现实的预测加以修正，得出正确的解释过程。因此，在阅读教学中，让学生成为阅读的主体

是阅读教学成功的根本，调动学生的阅读兴趣和积极性显得尤为重要。

首先，在语料的选择上，要选择学生感兴趣的材料，同时还要注意与阅读考察的热点相结合。例如了解西方文化，除了饮食、城市生活等方面还应该了解西方人际交流的特点及其与东方人在这方面的差异等特点，这些都是阅读应试中经常出现的热点，应该做好背景知识的补充。

其次，还应该注意阅读英文的时政热点，注意补充一些新生成的词汇。例如"Lianghui"特指中国的"两会"，又如"pink paper"是指辞退信（考研阅读）。还应该特别注意英文文章中的逻辑，这也是需要一定文化背景知识才能理解的。

"模态"是从生命科学借来的一个术语，源自"mode"。根据生命科学的研究成果，生命体通过五种感知渠道与外部环境进行信息的交流和互动，分别激发了五种交际模态的产生：视觉模态(visualmodality)、听觉模态(auditivemodality)、触觉模态(tactilemodality)、嗅觉模态(olfactorymodality)和味觉模态(gustatorymodality)。只使用一种模态的话语叫作单模态话语(monomodal discourse)，如盲文。同时使用两种或两种以上模态的话语叫作多模态话语(multimodal discourse)，如影视作品、多媒体授课。

视觉符号的观点。Kress对视觉符号的功能进行了分析，"正如语言的语法决定词如何组成小句、句子和语篇"，Halliday的语言功能论被扩展到了视觉图像领域，认为图像具备"再现意义""互动意义"和"构成意义"的功能。

多模态语篇的观点。Jewitt认为，现代语篇意义由多种模态构成，所有的模态都通过社会使用变成了符号，所有的语篇都具有多模态性。印刷体式也是一种模态。Silberstein则重视图表在语篇中的作用，将其称为"非文章材料"。他指出，对图表合理的利用可以提高阅读的有效性。

非言语交际的观点。社会交际之中，话语意义的传播很大部分是由非言语因素完成的，这些因素承担了社会交际功能。在多模态话语分析理论下，一些伴语言特征（如音响度、声调、语调、语速等）和身体特征（如手势、身势、面部表情、动作、移动等）因素在交际中与言语符号同等重要。

进入社会符号多模态化(multimodal)的时代，语言不再占领社会交际的中心地位，意义越来越趋向以多模态化的表达方式呈现。在这种背景下，有必要构建多模态化的大学英语课堂教学模式，以适应多元交际的需要和学生自身对多模态识读能力的需求。

二、多模态话语理论在大学英语阅读教学中的应用

（一）多模态理论建构的词汇、长难句分析

在分析长难句的时候往往需要详细讲解句子的类型和各个部分之间的从属关系和"多模态语篇"观点，可以利用文中特定标点和印刷来区分和定位。如：The fourth edition of theDiagnostic andStatisticalManualofMentalDisorders says "pathological gambling" involves persistent, recurring and uncontrollable pursuit less of money than of the thrill of taking risks in questof a windfall.(《精神错乱诊断与统计手册》第四版写道"病态赌博"是一种持续反复并难以控制的行为。与其说是追求金钱，倒不如说是为了寻求冒险博取横财的刺激。）这一句中，斜体印刷为书名，与书名联系密切的"pathological gambling"也很容易因其双引号而凸显出来；包括特定连接词"and"，相当于表示并列关系的"，"。恰当地把这些特殊的词和印刷以及符号运用到分析句子中就会提高阅读的效率。所以大学英语阅读因其语篇的难度而对语感、阅读速度、分析句子成分提出了较高要求，这些能力除了需要讲解语法来提升之外，也是可以通过听、恰当利用"多模态语篇"形式来达到的。

（二）多模态话语理论下文化语境、叙事结构和俚语、惯用法的理解

由于阅读是一种个人活动的性质，因此决定了在阅读教学中让学生成为阅读主体十分重要。霍尔指出："在一种文化的言语交际过程中，如果话语意义的创造对语境的依赖程度比较高，而对所使用的言语地依赖程度比较低，那么这种文化就是高语境文化；相反，如果意义的产生对所使用的言语依赖程度相对较高，而对语境的依赖相对较低，那么这种文化属于低语境文化。"因为英语处在低语境文化中而中文则恰恰处在高语境文化，所以英语中也相应地形成了许多约定俗成的惯用法和俚语，对不熟悉它们的人来说很容易望文生义，而恰恰其本意却与"望文生义"的结果大相径庭。如"lover"是指情人而非爱人；"busybody"指爱管闲事的人而非大忙人等。

在大学英语阅读中明显体现出来的就是叙事结构和语篇结构都是仅次于细节题的考察热点，因此，准确把握住语篇的结构是把握全文中心主题和各部分结构的基础。掌握这些结构逻辑规律后就可以训练在阅读考试时先浏览一篇文章大概，再根据问题来分析语篇，这样效率会提高很多，为紧张的考试节省出宝贵时间，也是泛读的基本技能之一。

英语阅读在大学英语能力考查中所占的比重越来越大，要提高阅读能力还是需要以增加词汇储量为基础，分析语句结构和语法规则也是基本技能。但为了提高阅读的效率，在阅读课堂教学中可以利用多模态的话语理论来充实这些阅读技能的提高方式，缓解阅读技能和语言基础知识分析的枯燥，同时也能使学生成为阅读的主体，注重到语义解读的主题上来。

第五节 多模态话语理论与英语语法教学

多模态元话语的形成经历了语法化过程。以美国当代英语语料库（COCA）及北京大学语料库（BCC）为语料来源，确定语料中的多模态元话语并从历时及共时层面对其进行详细分析。研究发现，多模态元话语经历了语法化演变，即其是由表达概念意义的符号逐步虚化为表功能意义的符号，进一步探明多模态元话语的虚化机制，其中包括隐喻、强化、

泛化、相邻句位、重新分析与类推、转喻、和谐及推理等。

多模态元话语是言者组织及监控话语并表达对话语内容的态度、见解、评价以及引导听者理解命题内容的方式方法，包括言语符号及非言语符号两种形式。以往对两者的研究都侧重于共时层面对其功能进行研究，如对言语符号元话语功能的研究；对元话语在语篇中所起作用的研究；对篇章中括号元话语的形式及功能的分析等等。然而，研究发现多模态元话语的形成经历了语法化演变，即其由表指称意义的实义符号逐步虚化为表功能意义的虚义符号。鉴于此，本研究运用认知语言学的语法化理论从历时及共时层面（虽然语法化属历时演变，但其共时的特点也是历时演化的基础。）对多模态元话语的形成过程，尤其是其虚化的机制进行研究，以期扩大多模态元话语的研究内容。

一、语法化

"语法化"最早是由法国语言学家 Meillet 提出。Hopper&Traugott 从两方面定义语法化：在特定的语言或跨语言中，共时或历时地研究词、结构及语法之间关系的一个框架；词汇项目和结构在特定的语言环境中成为语法功能，一旦语法化，将继续产生新的语法功能的一个术语。王寅将语法化定义为：从认知角度阐述语言中原来实意性词语和表达式（以及典型概念结构）在语言发展过程中逐渐演变虚化（或显性）成为稳定的语法标记或手段、抽象语法构造或惯用表达的过程和结果。此外，他将语法划分为狭义、广义及最广义三种形式：狭义语法化即"实词虚化"；广义语法化即将词的语法化扩展到语篇及语用层面；最广义语法化既包括狭义及广义语法化还包括典型的事体结构、概念结构等如何显性成为语法手段及句式构造。多模态元话语既含有由实际意义虚化而来的符号又包括其进一步扩展到语篇及语用层面的成分，因而属于广义语法化。

二、多模态元话语的虚化

言语符号及非言语符号形式的元话语从表概念的实义符号虚化为表功能的虚义符号，此类符号再扩展到语篇及语用层面，最终成为语言者组织、监控、评价话语并引导听着理解话语命题的元话语。文中语料除特别注明出处外，英文例句选自美国当代英语语料库（COCA），汉语例句选自北京大学语料库（BCC）。

（一）言语符号元话语的虚化

言语符号元话语包括过渡标记语、框架标记语、回指标寄语、言据标记语、语码注释语、模糊语、增强语、态度标记语、自我提及语及介入标记语。此类元话语的形成经历了由实义到虚义的转变过程。下面以增强语"the thing is"为例，说明言语符号元话语的语法化。值得注意的是，王海霞将"the thing is"归为话语标记语。其实，话语分为基本话语和元话语两个层次。基本话语表达命题，元话语表达言者观点并与听者互动，在元话语中表达编码程序性意义的是话语标记语，由此可知，元话语包括话语标记语，话语标记语处于虚化程度更深这一阶段。

例1：a.So the thing is that for someone to say that we are lazy people is just ridiculous because when I went down there, the only people working toward cleaning the streets and rebuilding the homes were the people of PuertoRico.

b.I am chairman of Comedians for Jerry Brown and we have high hopes, and the thing is, you know, I've reached a point where I can't improve on the news in its original form and, you know, where the satire and the realitybecome one and I'll tell you this.

例1a中的"The thing is"结构为"主语+be动词+(that引导的表语从句)"，属于主句，是句子结构不可缺少的部分，具有实际意义，未语法化，不是元话语。例1b中的"The thing is"不作句子，不是句子结构的必要成分，位置灵活，已逐渐虚化为一个固定结构，属元话语中的增强语，表达语言者对话语内容的强调并引导听着认同命题内容的重要性。其虚化路径为：表达命题的符号＞表功能作用的元话语。

（二）非言语符号元话语的虚化

非言语符号元话语包括视觉元话语和听觉元话语。两类非言语符号元话语又可参照言语符号元话语的分类标准进一步细分为各个小类，如增强语、模糊语、态度标记语等等。下面以非言语符号元话语"点头"为例，阐述其虚化过程。

例2：a. 开门进入后，冬子走向梳妆台，看着镜中的自己脸孔是有些倦怠难掩。她轻轻拂高头发,回到起居室。船津正坐在沙发上,点着香烟。"喝咖啡呢？还是茶？""咖啡。"冬子点头、走向厨房。（渡边淳一/红花）

b. 我这一辈子没有在任何面试里失败过。现在也绝不可以失败。"那么。"崔施看看她的清单。"你对所有形式的洗熨都有经验么？""当然。"我点头。（索菲·金塞拉/家政女王）

例2a中的"点头"表达命题具有概念意义，不是元话语，言者用"点头"传达了肯定意义的命题；例2b中的"点头"，不具有概念意义，已经虚化为元话语，是对"当然"这一命题的增强，属增强语，即便将其去掉话语意义仍可表达，表达了言者对自己能力的认可。此类非言语符号元话语的虚化路径为：概念意义＞人际意义。

三、多模态元话语的语法化机制

有关语法化的机制，学者们提出了自己的观点。Hopper&Traugott认为语法化的机制有重新分析和类推两种。Joan Bybee，R.Perkins&W.Pagliuca发现了五种机制:推理、泛化、隐喻、和谐、吸收。王明洲、张谊生提出了更新、分界改变及语境吸收等十种虚化机制。通过研究，我们认为元话语虚化机制有隐喻、强化、泛化、相邻句位、重新分析与类推、转喻、和谐及推理等。当然，随着学者们的继续研究，元话语的虚化机制必将被不断发现。

（一）隐喻机制

隐喻是在两个认知域中，源域中的意义及特征被映射到目标域的过程。多模态元话语的语法化隐喻机制就是符号从指称域到功能域的映射，其在指称域的特征及意义被映射到功能域，从而表达一定的语用意义。下面以"well"的虚化为例阐明此类元话语的隐喻虚化机制。

例3：a.The thrust of our argument is illustrated well by the 1989 murder of Judge Robert Smith Vance at his home in Mountain Brook，Alabama.

b.A young man in a blue uniform approached with an expression that in a less innocent age would signal the intent tocouple.Well，this age was not soinnocent.

例3a句中的"well"表达概念意义即"论点阐述得好"，"well"是对"阐述"行为的积极描述，其指称具体、意义清晰，在句中依存于被描述对象，作副词，不是元话语。而在例3b中，"well"源域/指称域的特征（被描述对象具有令人满意的特性）映射到目标域/功能域（之前的话语已经令人满意，需开启新的话语内容），即"令人满意"这一特征映射到功能域，成了元话语，属框架标记语，标示话语的行为、次序及阶段。

（二）强化

强化就是指在已有的虚词及虚化成分上面再加上同类的或相关的虚化要素，使原有的虚化单位的句法语义得到加强。下面阐述非言语符号元话语"耸肩"的强化机制。

例4：a. 他踮着脚站在厨房门口，朝人群对面的两位下士无可奈何地耸了耸肩，示意他们运气可真不好。（伊恩·麦克尤恩/赎罪）

b."出租车"，他嗳嗒说，"出租车。"她身旁的女人迟疑片刻，然后耸耸肩。"好吧，我去叫车，你等着。"她倏然飘浮在空中，愈飘愈高，几乎挨近了太阳。（西德尼·谢尔顿/假如明天来临）

例4a"耸了耸肩"表达概念意义，传达"两位下士的运气不好"，不是元话语；例4b"耸耸肩"已无概念意义，是对"好吧"这一态度标记语的强调，是在已有虚化成分"好"上面再加上的同类虚化要素，表达"无可奈何"的态度，也属态度标记语。

（三）泛化

泛化是指语境变化造成一个实词的语义成素部分消失，从而造成自身适用的范围扩大。Traugott&Dasher考察了"in fact"由小句内的谓词性副词演化为句子性副词并最终虚化为话语标记语的过程。元话语的语法化属谓词性副词演化为句子性副词这一阶段。

例5：a.Humanity，comfortablyengaged elsewhere in the business ofliving，is absent in fact but everywhere present in feeling.

b.Humanity is in fact absent.

例5a中"in fact"是具有实义的小句内的谓词性副词，与"in feeling"共同表达概念意义；例5b中"in fact"是句子副词，在句中的位置较灵活，表认知情态意义，此时谓词性质已无，已进一步虚化为元话语中的增强语。

（四）相邻句位

相邻句位就是指诱发实词虚化的各种相邻的句法环境和句法位置。下面以"you know"的语法化为例。

例 6：a.Senator，you know far more about that issue than I do，and I look forward to hearing your views in the months and years tocome.

b.Probably not a single one of us there had ever really sinned in our lives and didn't knowreally anything about sin，you know.

例 6a 中的"you"是主语，"know"是谓语，后面的部分是宾语，具有完整的句法位置和环境，不是元话语。例 6b 中"you know"已经虚化为元话语，置于句末，此位置本是状语的位置，因而易被看作虚化成分，而无主谓性质，属介入标记语，其作用是将听者拉入话语内容当中。

（五）重新分析与类推

重新分析本质上包括线性的、组合的、经常是局部的重组和规则变更，它不是直接可见的；类推本质上涉及聚合组织、表层搭配的变化和使用模式，类推使得重新分析中隐性的变化显性化。曹秀玲、王清华对"X+然"类元话语的历史来源进行了详细的研究。下面以"固然"为例，阐述其虚化过程。

例 7：a. 民，夺之则怒，予之则喜。民情固然。（管子·轻重乙篇第八十一）

b. 夫物有必至，事有固然，君知之乎？（史记·卷七十五）

c. 懒龙固然好戏，若是他心中不快意的，就连真带耍，必要扰他。（二刻拍案惊奇（下））

"固然"连用形式出现在春秋战国时期，做谓语和定语，例 7a 中"固"作"然"的状语，意为"本来"，"然"是复之代词，"固然"前面常出现"然"的指代对象，此时表达概念意义且未虚化。汉代时，"固然"常用做宾语，意为"固有规律"，如例 7b。明朝起，"固然"已被重新分析为一个固定成分，边界消失，在例 7c 中，"固然"对所在小句表述的命题进行肯定，已具备了元话语功能，属增强语。研究认为，"固然"及"虽然"的虚化机制为重新分析，此时的"然"已被当作词缀，之后，通过类推机制，词缀"然"附于"X"词汇化后再语法化，包括"当然、自然、纵然、诚然"。

（六）转喻机制

转喻是人类一种重要的思维方式，人们常常把某一个概念实体或载体投射到另一个概念或目标。在创造语言的过程中，转喻发挥着重要的作用。与隐喻基于相似性不同的是，转喻涉及的是"邻近"和"突显"的关系。下面以过渡标记语"you know what"为例，阐述其虚化过程。

例 8：a.If you own one of these vehicles，do you knowwhat the fund is designed toaccomplish?

b.The things I'm writing and thinking about aren't necessarily meadows and orchards, you know what I mean?

c.He wants to show the fans and the organization, you know what, you invested this much in me, I'm goingtogive it all back toyou guys with a championship.

例 8a 中"Doyou knowwhat……"属完整句子结构，即"主语＋谓语动词 know+（what 引导的宾语从句）"，具有实际意义。随着虚化的推进，在例 8b 中，助动词 do 脱落，但仍具有概念意义。及至例 8c 通过转喻原则"部分代整体"，用"you know what"代替了"you knowwhat…"，此时，you know what 形式已固定，属元话语中的过渡标记语，言者用其引出令人惊讶的话语并引导听者认同命题内容的这一特性。

（七）和谐

和谐是指话语语境中存在的某些成分，是为了与其他相关成分保持句法、语义、语气等方面的一致，随着相关成分的逐渐退化及消失，某些成分的存在也就失去了依据，随之虚化。詹全旺对英语增强词"terribly"的主观化进行了研究。下面以"terribly"的语法化为例阐释和谐机制。

例 9：a.And it's a very difficult situation when you have complacency on the part of the general population and you have other parts of the population that are sufferingterribly.

b.You extend their life far beyond anything they expect when they're on the street.That can't be terribly frighteningtothem.

c.I'm torn between finding this all terribly clever and unexpected, and being a little confused at how suddenlyit all happened.

在例 9a 中"terribly"修饰动词"suffering"，表示实在意义"可怕的"，不是元话语。而在例 9b 中"terribly"的"可怕"义已逐渐弱化，其的出现是为了与"frightening"所表达的"可怕"这一消极词义保持和谐一致；再至例 9c "clever"已无"可怕"意义，但"terribly"仍然存在，不过此时已完全虚化，只表达强调意义，属增强语。例 9b "terribly"的出现是为了与所修饰的谓词的语义保持和谐一致，而例 9c 仍然保持了这种规则，即使谓词已无"可怕"义，但"terribly"仍然出现，故为和谐机制。

（八）推理

在交际过程中，由于种种原因，交际者往往会使用间接方式表达交际意义，因此其隐含意义需要听话一方通过语用推理来获得。如果一种话语形式经常传递某种隐含义，这种隐含义就逐渐"固化"，最后成为那种形式固有的意义，这种后起的意义甚至可能取代原有的意义。下面以 though 由引导让步状语从句的连词虚化为元话语为例。

例 10：a.Furthermore, though some empirical studies indicate that many people do support greater punishment for those offenders that bring about harmful results, these people by and large do not believe those offenders tohave done somethingmore wrongful.

b.In fact, Hampton herselfsuggested that a victim's mercy might justifiably reduce the need to punish an offender, though she proposed no means of determining byhowmuch.

  c.This is not to say, though, that such offenders should be charged with(or convicted of) attempted crimes.

  例 10a 中 though 是引导让步状语从句的连词，具有实际意义。例 10b 中，though 既含有让步意思又含有转折意思，此两种情况下，推理就可能出现。例 10c 中，"though"已被完全推理出具有转折意味的过渡标记语，其帮助言者标示话语步骤，从而引导听者更好地理解命题内容。

  多模态元话语的形成经历了语法化过程，其由表概念意义的符号虚化并扩展到语篇及语用层面从而具有了功能意义。研究发现，多模态元话语的虚化机制为隐喻、强化、泛化、相邻句位、重新分析与类推、转喻、和谐及推理等。对多模态元话语的语法化研究有助于弄清其由来从而扩展其研究内容。需要注意的是，元话语是个开放的概念，范围广阔，并非所有的元话语都经历了语法化过程。此外，元话语包括话语标记语，后者处于形式更固定、虚化的程度更深这一阶段。

第五章 多模态话语分析与英语教学的融合

第一节 外语微课多模态话语分析

以 2016 年外社"教学之星"大赛获奖作品中的两个典型微课为例,在图文关系理论和声画一体论的基础上,重点探讨视觉模态中的图像和文本关系以及视觉模态和听觉模态如何协调共建多模态语篇意义,尝试构建外语微课视频的多模态话语分析框架,以期为动态视频语料的多模态话语分析提供参考。

随着多元文化的渗透和信息技术的发展,语言不再是现代社会交际的位移模态,而图像、声音和动作等多种模态与语言一起共同参与意义建构。多模态话语就是运用视觉、听觉和触觉等多种感觉,通过语言、图像、声音和动作等多种手段和符号资源进行交际的现象。多模态话语为话语分析提供了新视角:分析的内容不仅包括语言符号,还延伸到非语言符号的意义建构问题。多模态话语分析的意义在于它将话语分析的范围扩大到语言符号之外的图像、声音和动作等其他符号系统,进而分析人们如何综合使用多种模态达到社会交际的目的,使话语意义的解读更加全面。

微课是一种新型教学课程资源,是针对特定的目标人群、传递特定知识内容的碎片化小课程,具有针对性、碎片化、可视化和情景化等特点,是对传统课堂的补充与扩展。微课具有多模态语篇属性,根据朱永生对多模态话语的判断标准,首先,微课融合图像、声音和文字等多模态形式,以视觉模态和听觉模态为主。其次,微课涉及多种符号系统,如文字、图像和音乐等,兼具多种多模态符号系统。运用多模态话语分析理论对微课视频进行分析,探讨微课中的语言是如何与图像、声音、动作和表情等其他符号系统实现意义建构,可以为微课视频的制作提供参考,更有效地将微课运用于教学中,从而对微课意义传播的有效性和互动有效性有更加全面、准确地了解。鉴于微课视频大多涉及文字、图像和声音三种模态,本研究重点探讨这三种模态间的关系,以及它们如何相互作用共同完成多模态语篇的整体意义构建。

一、外语微课多模态话语分析理论的提出

多模态话语分析理论是在批评话语分析的基础上,结合社会符号学、系统功能语法

和传统话语分析等领域的研究成果发展而来的。在国外最早进行多模态话语分析方面的研究的是 R.Barthes，他探讨分析了图像在表达意义上与语言的相互作用。Kress 和 Van Leeuwen 对多模态话语分析理论进行了深入研究，指出图像等视觉符号与语言符号一样具有形成语篇或符号整体的功能。他们参照系统功能语言学中韩礼德提出的三大语言元功能（概念功能、人际功能和语篇功能），提出了图像的分析框架，认为图像可以体现再现、互动和构图三种意义，创立了"视觉语法"理论，即视觉图像的语法框架，为多模态话语分析提供了理论依据和分析方法。之后 Royce T 研究了多模态话语形式之间的协同性；Stein P 则提出多模态教学法，将多模态理论应用到教学领域。

我国学者对多模态话语分析的关注始于李战子在 2003 年发表的论文"多模式话语的社会符号学分析"。她指出，多模态指的是除文本之外，还带有图像、图表等的符号话语或者说任何由两种以上的符号编码实现意义的文本。顾曰国剖析了多媒体学习和多模态学习的两个概念；张德禄探讨了多模态话语分析理论框架下如何在外语教学中选择最有效的模态进行教学实践活动；纪燕依据多模态外语教学设计原则和方法，探索了大学外语课堂教学的多模态最优化设计；林美珍从教育生态学视角探究了多模态教学环境下大学英语课堂生态问题。近年来国内多模态话语分析理论的研究范围已经从静态语料拓展到了动态语料，但多以广告、纪录片、电影和歌曲视频等为主。一些国内学者尝试从多模态角度对课堂教学进行话语分析研究。许文涛、邢文军等对大学英语教学大赛的教学录像进行了多模态话语分析；丁金淑以大学英语课为例探讨了教师话语、教师身体行为，以及多种社会符号模态在课堂教学中如何协同产生和建构意义；赵维萍尝试从文化、语境、意义、形式和媒体五个层面建立翻转课堂的多模态话语分析理论框架。对上述研究成果的梳理显示，国内外学者对微课视频进行多模态话语分析的研究尚不多见。

二、多模态图文美学理论和声画一体论

鉴于目前针对视频语篇并没有统一的多模态话语分析框架，本研究拟尝试对微课视频中的文字、图像和声音三种符号系统进行分析，构建微课视频多模态话语分析框架。微课视频主要涉及视觉模态和听觉模态。在视觉模态方面，可以运用图文关系理论来分析图像和文字两种符号系统的关系。在听觉模态方面，可以借鉴声画一体论来探讨听觉符号和视觉符号是如何相关协调共同构建语篇意义的。

（一）图文关系理论

在多模态话语篇里，图像和文字是两种最主要的符号系统，它们相互依存。最早对图文关系进行研究的 Barthes 提出了图文地位论，认为图像和文字之间的关系有三种：锚定（文本支持图像）、说明（图像支持文本）和接递（文本和图像地位平等）。随后 Kress 和 Van Leeuwen 的图文位置论比照系统功能语法中语言的三大元功能（概念功能、人际功能、语篇功能），认为图像同时具有再现、互动和构图三种功能，论证了符号模态也可以自行实

现语言的三大元功能。Martines 和 Salway 在视觉语法基础上创立了图文系统论，从地位关系和逻辑—语义关系两个维度对图文关系全面地进行了探讨。图文系统论的地位关系主要指结构上的图文关系，分为平等关系和不平等关系。其中平等关系分为互补关系和非互补关系，互补关系指图像和文字互为补充共同构建意义，而非互补关系，即图像和文字各自独立地传达完整意义。不平等关系中图像和文字从属于彼此。图文系统论的另外一个维度，即逻辑—语义关系体系，借鉴 Halliday 区分复句中小句的方法，先分符号之间的关系是扩展还是投射。扩展又分为详述、延展和增强。详述是指对已知信息进一步详细说明而不增加新信息。延展关系是指一类符号通过附加新信息来延伸另一类符号的意义。增强关系表示通过时间、地点和方式等来增强另一种符号的方法。投射分为话语和思想，话语投射是话语过程，思想投射即意义投射，为思维过程。

（二）声画一体论

声画关系主要用于影视艺术中，阐述声音和画面如何共同传达主题意义。黄昌林以系统论观点分析电视声画关系，指出声音承担电视的叙述表现功能，画面则承担描写再现功能，提出声画是功能互补、声画一体的关系，即声画一体论。他指出，声音和画面是互斥、互补和整合的关系。其中，互斥是指声音与画面互相排斥和互相对立；互补是指声音与画面互相补充和互相依存；整合是指声音和画面在交流过程中出现了中间环节，声画关系的内在机制发挥整合作用，最终形成了声画一体。

微课在模态和符号系统的构成方面与影视艺术有相似之处，图像和文本（包括字幕）是主要视觉模态，声音为主要听觉模态。因此，可以借用声画一体论来分析微课语篇中视觉模态和听觉模态的关系。

三、外语微课多模态话语案例分析

研究依托 2016 年外社"教学之星"大赛来分析微课视频中多种模态之间的关系并进一步探讨多种模态如何协调共建语篇意义。该大赛由外研社和教育部高等学校大学外语教学指导委员会等多个机构共同举办，是面向全国高等院校英语教师的大型赛事。该赛事影响力大、参与面广、结果权威，能够跟踪教学发展趋势，展现新的教学理念，因此，选取该赛事获奖作品中具有典型微课特征的两个案例进行多模态话语分析。

（一）解读《读懂国画的山水情结》

内容简介：此微课主题属于语言文化类，探讨的是中国画家对于山水独有的情结。视频突破传统的讲解形式，以卡通形象的教师带领一学生在虚拟的山水之间进行文化之旅，寻求中国画家钟情于山水之谜的形式呈现。按照"导入→展开→总结+作业"步骤展开。首先教师以卡通形象出现，引入主旨问题"Why are Chinese painters fascinated with mountains and water?"，然后依次从儒家思想、佛家思想和道家思想对山水画的影响剖析画家钟情于山水主题的原因，并围绕三个问题展开：为什么儒家主张亲近自然？为什么佛教多建寺庙于山间？为什么水是道教认知世界的核心？分别用文本+动画图像形式呈现，依次分析原因。最后进行总结儒家、佛家和道家思想的核心是天人合一，即为中国画家钟情于山水主题的主要原因。

图文关系分析此微课主要涉及视觉模态和听觉模态，两者关系为互补。视觉模态主要包括图像和文本。图像符号体系主要的图像背景为山水画，教师以卡通形象出现，文本与图像共同构成屏幕画面。听觉模态为教师讲解和背景音乐。教师讲解为主要的语言形式贯穿整个视频。整个视频基本屏幕组篇方式为图像+文本，并伴以教师的讲解和背景音乐。

图文关系在地位维度上是互补关系，图像和文字同等重要、互为补充共同构建语篇意义。在导入阶段，教师和一女大学生图像的设置具有概念和人际功能，教师的手势提示了该微课将要讨论的主题即山水画，教师背后墙上的山水画更加具体形象地阐释了微课主题。在展开阶段中，阐述佛教对山水画的影响。佛教认为山川能使人明心见性，顿悟禅意，故多建寺庙于山间。这里的文字"明心见性"和"顿悟禅意"是佛教用语，比较抽象，而图像对文字的元认知意义进行了阐释，能帮助学习者更好地理解文字。左边图像中的老僧照镜子看到真实的自我，见到自己本来的真性，这样就能和文字"明心见性"（find one's true self）建立语义联系，加深观众理解。从逻辑—语义维度看，图像是对文字的扩展，进一步地详细说明文字，起到意义增强的作用。

声画关系分析在微课中，声音和画面两大符号系统作为重要的模态—听觉模态和视觉模态共同完成意义共建。这里的听觉模态主要指声音符号，包括教师的讲解画外音和微课中插入的各种声效或音乐。前者是对静态文本内容的描写再现，与图像和文本一起构建意义；后者间接地起到渲染语境的作用，具有表现内容、抒发情感等多种功能。画面负载非语言系统的全部具象性符号，以流动、动态的空间，起着传递主要信息的功能。

该作品一方面让教师通过画外音对教学内容进行陈述，实现主要信息的传递，背景音乐起到渲染语境的作用。学习者在欣赏中国山水的画面时，既能获得视觉的愉悦，感受自然景观的魅力，又能跟随着音乐带来的意境融入自然，达到"物我两忘"的境界，激发学习者对中国文化的热爱。为了更好地解释"上善若水"——善行的最高境界，用动态的图像展示流动水，并加入了水流动的模拟音效，营造出一种身临其境的感觉。水清澈透明，与万物无争，却能自然地由高处流往低处，也可以安静自然地汇集于一处，因此，这就是上善若水的境界。学习者在视觉上接受图文信息的同时，听觉系统也接收着流水的声音信息刺激，这种听觉刺激所引发的联想激活了学习者原有的认知，并对文本内容的语言意义进行补充和强化。因此，在该微课中，教师的画外音和声效构成的听觉模态和图像、文本为主的视觉模态系统互补，形成了声画一体。

（二）解密《蒙娜丽莎》

内容简介：此微课为课文背景知识的介绍，从达·芬奇的名作《蒙娜丽莎》所用到的艺术手法和创作的历史背景方面解读《蒙娜丽莎》之谜，启发学习者从不同角度鉴赏艺术，从而激发学习者对于艺术作品的认知和理解。微课全部为教师讲解，配以绘画作品的静态图像，从《蒙娜丽莎》的创作手法——渐隐法和透视画法对作品进行了分析，并结合《蒙娜丽莎》创作的历史背景文化对作品进行解析。最后进行总结并布置作业。

图文关系分析该微课的主要模态为视觉模态和听觉模态，其中视觉模态为主导模态，主要是图像和文本两种符号。图像和文本呈现不平等的关系图像占用大部分屏幕，只有很少的文字。图像用以支持文字，起到说明文字的作用，图像使得文本更直观并视觉化，因此图从属于文。在图 3 解释 sfumato 渐隐法这一绘画技法时，单纯的文字让人难以理解。通过图像以及红色箭头增强了图像的人际叙事功能，使人们更直观地看到蒙娜丽莎的眼角和嘴角使用了渐隐法，造成含蓄的艺术效果。此微课的视觉模态中图文关系不平等，语言作为主要意义表征方式，并未得到凸显。虽然制作成微课视频，但还是以传统教学模式的形式呈现。

声画关系分析根据声画一体论，视觉和听觉作为视频语篇中的两种主要模态，是互相独立的个体，因争夺注意力资源而互相排斥，但互斥不是声画关系的本质。因此，声音和图像两大符号系统相互协调以充分发挥各自的功能，从而达到微课视频语篇的意义共建。该视频中的听觉模态只有教师的讲解画外音，起到阐述教学内容、传递教学信息的作用，而 PPT 静态文本显示主要教学内容。与前一微课相比，此微课没有加入背景音乐或声效，运用的声音模态较单一。因此，该微课视频中，教师的讲解与图像文本一起构成了视频语篇的意义建构主体。

第二节 课堂教学多模态话语的模态配合

模态是物质媒体经过社会的长时间塑造形成的意义潜势，是用于表征和交流意义的社会文化资源。人类社会活动已逐渐被多种媒介共存的复合话语取代，因此多模态化成为当今社会文化系统的固有特性。随着现代技术的发展，各种媒体技术开始进入课堂，话语的研究具备多模态性。在语言教学中，仅仅从语言这一角度对课堂话语进行研究是不够的，还需要将多种模态和语言相结合以探讨课堂话语。

由于人类社会活动所介入的物质手段日渐丰富，在传统上主要通过语言表达意义的做法已逐渐被多种媒介共存的复合话语取代，多媒体化（multimediality）体现了社会实践的常态，因此多模态化（multimodality）成为当今社会文化系统的固有特性。在教学领域，随着现代技术的飞速发展，各种多媒体技术进入课堂，屏幕越来越占据主导地位，同时图像、动画等成为交际的主媒体（Kress 2004），在教学中也是如此，这为教学环境的多模态研究提供了方便。

在语言教学中，语言在大多数情况下仍然占据主导地位，其他模态只是在不同程度地起着辅助、衬托、强化和补充的作用，但即使如此，仅仅从语言这一角度对课堂话语进行研究是不够的,还需要将语言和其他模态组合在一起探讨课堂话语。

一、理论框架

(一)模态

Kress 将模态(mode)定义为一种表征和交流的符号表达方式。在《多模态语篇》(Multimodal Discourse)中,模态被定义为符号资源。Jewitt 认为多模态与符号相关,所有模态都包含整套符号资源,人们在特定场合下利用并构建这些资源对事件和关系进行表征。

多模态话语指运用听觉、视觉、触觉等多种感觉,通过语言、图像、声音、动作等多种手段和符号资源进行交际的现象。多模态话语最合适的理论模式是系统功能语言学的社会符号学理论。社会符号学基于韩礼德的语言符号观(Halliday 1978),他认为做一个社会符号系统,即一个表义系统,语言的语法并非是一系列的规则,而是表意的资源,这就是 Hodge 和 Kress 发展社会符号学理论的基础。语言外的其他表义系统还有绘画、雕刻、音乐、舞蹈等,这些表义系统与语言共同实现社会意义。这种观点是系统功能语言学的社会符号学理论的基础,为多模态话语分析理论发展奠定理论基础。

多模态话语分析理论主要基于系统功能语言学理论,由五个层面的系统组成,分别是:(1)文化层面,包括作为文化的主要存在形式的意识形态和作为话语模式选择潜势的体裁或者体裁结构潜势;(2)语境界面,包括由话语范围、话语基调和话语方式组成的语境构型;(3)意义层面,包括由几个部分组成的话语意义,即概念意义、人际意义和谋篇意义;(4)形式层面,实现意义的不同形式系统,包括语言的词汇语法系统和其他各种模态的表意形体和语法系统及各个模态的语法之间的关系;(5)媒体层面,是话语最终在物质世界表现的物质形式。

(二)多模态与教学

课堂教学就是由多种模态共同完成的,包括空间、手势、身势、移动、声音、腔调、音乐、三维事物、口语、书面语、图形、表格、图画和动画等(Jewitt 2009)。这些不同的模态各自都是一个符号系统,在合适的语境中表达意义,达到交际的目的。但它们在绝大多数情况下都不是单独用以达到交际目的的,而是和其他模态共同配合达到交际目的,即使是语言也是如此。

在教学中,对多模态交际和体现的研究日益增多。在 Lemke 编辑的《语言学与教育》中,研究者对课程中的多模态进行检验,尤其检验数学和科学学科。O'Halloran 用系统功能观对数学课堂上的多符号系统运作进行分析。Baker,Street 在数学教育领域研究了多模态计算能力,其中包括行动、图示和符号模态。这些研究表明,在不同模态之间的转换问题是导致学生学科难点的来源。

新兴的热点是对多模态识读(multiliteracy)的研究。多模态识读(multiliteracy)指具有能阅读所能接触到的各种媒体和模态的信息,并循此产生相应的材料,如阅读互联网或互动的多媒体。传统的以读写为主的识读能力在多媒体时代已不够用。其次，教育中的多模态化来自教室中不断增加使用的多种媒体，如图像操作软件、电子音乐、科学模拟、存在于计算机上的虚拟剧场等。多模态化和多元符号学试图给这些信递形式理论化，鉴别各种图像、词语和动作的模态如何互相依赖，以产生整体意义。重要的是有时一种模态需要依赖其他模态完成信递行为，如没有口述的词语说明，图表将毫无意义；没有模型课件，教师用手做的节奏性动作就没有意义，因而每一种模态作为符号资源，对所做的表达都有贡献。学生的任务是将教师的各模式和符号资源转变为理解。

本节根据大学英语课堂教学的实际语境探讨各种模态之间的协同配合关系。

（三）语料及研究方法

本节的语料选自第五届"外教社杯"全国高校外语教学大赛（职业院校）总决赛特等奖录像，时长22分钟。教学过程在一个按传统模式安排的讲台和桌椅的教室进行，配有可供书写的黑板和PPT投影设备。教师主要在讲台讲，有时到学生中间走动；学生主要坐在座位上听课，有时根据老师的要求进行互动。

（四）课堂话语

1. 课堂教学描述

作为教学比赛，教学有一定的表演性，每堂课一般为50分钟，而这堂课只有22分钟。教学的主题是"网瘾"（computer addiction），课文题目为"Teenager Committed Suicide When His Computer Broke down"。整个教学过程由老师控制，老师是教学的组织者、知识的提供者、学生能力提高的使能者；学生是学习者、被控制者、被促使提高能力者。交际的方式是面对面的口头交际，包括手势、动作、口气和强调等，PPT提供教学重点及图像。

2. 体裁结构

这堂22分钟的课包括10个阶段，分别是：（1）上课仪式：教师学生相互问候。（2）导入：首先以某位知名明星吸毒为例，引出单词addiction的含义。（3）点出主题：引出网瘾（computer addiction）这一主题。（4）课文讲解：学生泛读、小组活动、组内讨论、练习巩固。（5）讲解习题：学生回答习题中的填空，讲解单词词意，并扩展练习题内容。（6）剖析课文：再次点题，提问学生，分析文中主人公的问题，练习上一环节填空中的单词。（7）互动提问：如何在现实世界与虚拟世界中寻求平衡，提出解决提议。（8）角色扮演朗读：进一步对课文进行熟悉，并对单词therapist（治疗师）有更深刻地了解，让学生分角色朗读设计好的对话。（9）总结重点：回顾课文知识。（10）结束：布置作业，结束课文。

（三）模态在语法层面的配合

这堂课的PPT共有21张，分为两个类别：显示文字、显示图像和文字。文字是一个语篇片段，一个幻灯片显示一个语篇片段，由一个句子或者一系列句子体现；文字和图形本身是多模态的，是两个语篇片段的协同共建语篇意义，由各自的语法结构体现。

幻灯片1由文字与图像构成，包括标题和一个教师上课的图片，它们共同完成了标题的语篇功能，为教师的口语话语提供支持。标题体现为一个句子（Teenager Committed Suicide When His Computer Broke down），图像为老师上课的图像，表明这是一门教学课。

幻灯片2与3相似，都是由图像加文字构成。其中包括阶段导入标题、文字提示和图片（某吸毒明星照片、抽烟图），幻灯片2中的文字为两个英文单词（Addiction，prison），为老师的引入提供信息引导，幻灯片3的文字则为"上瘾"这一单词的英文解释。与幻灯片2相似，它们不仅为口头语篇提供了文字信息，而且提供了实例，进而引出了文章主题。

这个教学片段的主要功能是提供信息，进行导入，引出主题"网瘾"，预示着课文将围绕网瘾展开。

幻灯片4和5完全由文字构成。其中包括课文标题和环节设计（"学习目标"的展示），这两张幻灯片的主要目的在于为教师的话语（例如，"我们将重点学习本节的中心思想"，"学习与网瘾有关的一些单词表达"）提供支持，并为口语模态提供指导，为口语语篇的发展提供了路径。

幻灯片6和其后与练习题和其讲解的幻灯片都由图像和文字构成，图像为箭头与圆圈，用以引入及标注信息，文字为练习题（如Jason未来可能做什么工作？What kind of job will Jason do in the future?），重点标注的是答案。整个片段为教师口语（例如，对学生的回答进行肯定：Good job！；对回答进行复述：He will be a computer engineer.）提供支持，提供信息，用此提高学生阅读理解及口语水平。

（四）课堂话语中的模态配合

以上是对一段教学比赛录像片段中使用的PPT体裁结构进行的分析，但它只是整个教学过程的一个阶段，是PPT所表现的一段多模态话语。在整个课堂话语中，各种模态共同发挥作用，特别是老师和学生交流的口语模态和PPT所表现的文字、图像模态。下面简略探讨它们之间的协同配合。

口语是课堂教学的主模态，但是它不能有效完成教学任务，需要借助其他模态，特别是PPT所承载的模态来完成。这样，PPT和口语之间就形成了一种协同关系。

下面分别从10个环节探讨它们是如何协同完成教学任务的。（1）上课仪式：主要模态为口语：教师及学生通过寒暄完成这个阶段的任务；（2）导入：主要模态为口语、图像和文字：口语为教师授课，图像和文字模态通过PPT呈现，具有导入文章主题的作用；（3）点出主题：主要模态为口语、文字和图像：文字主要辅助提供信息，教师提问学生，引出话题，引起兴趣；（4）课文讲解：主要模态为口语、文字和图像：学生讨论，做练习题，对课文内容进行熟知、掌握，图形为文章线索的一步步发展提供支撑；（5）讲解习题：主要模态为口语、文字：这一阶段可以分为两个次阶段：老师提问及学生回答。（6）剖析课文：主要模态为口语、文字：这一阶段老师主要对学生提问发散性问题，进一步让学生理解课文；（7）互动提问：主要模态为口语、文字：口语模态通过老师和学生互动完成，文字主要体现在呈现在PPT上的问题；（8）角色扮演朗读：主要模态为口语、文字：这一阶段，学生进行分角色扮演对话，完成对重点单词的理解；(9)总结重点：主要模态为口语、文字：老师对本课进行总结；(10)结束：主要模态为口语：老师布置作业，结束课文。

在传统教学中，主要采取教师和学生肢体模态和文字补充。随着教学技术的发展，PPT等教学手段的运用，越来越多的模态出现为口头模态提供了支持。课堂教学中，一种模态很难达到教学目的，往往需要其他模态补充、协同，由其他模态提供新的内容，进行强化或者引导。在上述分析中，文字和图像模态为教师的口语模态提供支持，从而强化教学效果。教师在授课过程中可以通过PPT课件展现生动画面，刺激学生的感官系统，吸引学生的注意力，让学生从听觉和视觉方面获取相关信息，快速获取所学材料。

作为社会符号学的一个应用型分支，多模态符号学既是一门新兴的"学科"，又是一种"理论应用的视角"，更是一类值得研究的"领域"。话语的多模态化成为现代话语的一个突出特点，对多模态话语的研究也成为一种必然。本节以外语教学课堂话语为例探讨多模态话语的体裁结构、模态语法及模态在共建课堂话语意义中的协同，发现课堂话语中需要不同模态的协同配合。在今后的教学研究中，多模态话语的分析为其提供了很好的切入点，通过对课堂话语的分析，我们可以更好地把握课堂，并探讨更好的教学模式及选择与教学目的和学生需求更符合贴切的模态完成教学。

第三节　国内多模态话语分析理论与英语教学

统计和分析国内多模态话语分析理论与大学英语教学研究的相关文献，发现目前国内研究主要涉及理论创新、教学模式的构建、学科教学的应用、学生识读能力的培养、教学文稿展示以及理论模式的实证验证，具有多元性和多维度的特点，成果显著，但是在研究对象、研究方法、研究内容转向以及跨学科知识引进方面还有很大的提升空间。

多模态话语（multimodal discourse）指的是运用听觉、视觉、触觉等多种感觉，通过语言、图像、声音、动作等多种手段和符号资源进行交际的现象。多模态话语分析理论（multimodal discourse analysis）兴起于西方20世纪90年代，以心理语言学家 Michael Halliday 的系统功能语言学理论为理论基础。Michael Halliday 指出，人类交流的方式具有多样性的特征。因此，在交流时，交际者应该充分利用各种信息传递渠道、传递信息，以实现交际目标。大学英语教学作为人类交流的一部分，也归属于多模态话语分析理论研究范畴。如今，在计算机技术、通信技术和显示技术日新月异高速发展的支撑下，能够在大学英语教学过程中使用的符号也越来越丰富，如何高效使用这些符号以提高学生学习英语的兴趣成为亟待解决的问题。因而，加大对多模态话语分析理论应用于大学英语教学的研究，对于实现大学英语教学目的具有重大意义。本节通过对国内多模态话语分析理论与大学英语教学研究成果地述评，旨在了解国内大学英语教学多模态话语研究的现状及发展趋势、成就和不足，以期为未来国内的研究提供参考。

从事英语阅读教学研究统计分析的廖传风教授将应用研究分为宏观研究和微观研究。其中，宏观研究指某理论应用于某实践领域中的可能性、可行性和必要性的研究，而微观研究则指某理论在某实践领域中的实际应用的操作方法。据此，本节将目前国内大学英语教学的多模态研究也分为宏观研究和微观研究。

一、宏观研究

李占子的《多模式话语的社会符号学分析》一文，开创了国内多模态话语分析理论研究之先河。胡壮麟等探讨了意义的多模态构建。顾曰国区分了多媒体、多模态学习，构建了多模态、多媒体外语学习模型，并指明了这两种学习模型进一步的研究方向。张德禄探讨了多模态话语分析和研究的理论框架、外语教学模态选择角度、各个不同模态如何相互协同以及多模态外语教学的设计和模态的调用，为多模态话语分析理论指导大学英语教学提供了理论指导。

上述学者的研究从各个层次丰富了多模态话语分析理论，为多模态话语分析理论在外语教学特别是英语教学中的应用奠定了理论基础并指明发展方向。自此之后，国内在英语教学中应用多模态话语分析理论的研究掀开了新的篇章。

二、微观研究

多模态话语分析理论实际应用于国内大学英语教学的教学模式、科目教学、多元识读能力、教学演示文稿、教师话语、教学评估等方面。按照刘润清关于教育科研和外语教学科研的分类标准，本研究将微观研究划分为非实证性研究和实证性研究。

（一）非实证性研究

多模态话语分析理论构建大学英语教学模式研究。龚晓娟提出将英语原版电影引入大学课堂，并制定了课前准备、课堂观看以及看后练习的课堂教学安排。袁传有基于多模态话语分析理论探讨了复合型课程"法律英语"的教学改革，构建了教师要多模态地教、学生要多模态地学以及师生多模态地评估的三位一体的多模态信息认知教学模式。朱慧玲主要探讨了多模态运用的动因以及模态选用的原则。王玥从第二语言教与学的客体、主体以及环境3个方面探讨了多模式的社会符号分析法的第二语言教学。代树兰主张从增强意识、加强理论研究和注重师资培养几方面为多模态话语分析理论应用于英语教学提供方法与策略。范勇慧注重探讨如何协调多模态间的关系以及多模态教学中应该注意的问题。郭建红等主要对大学英语教学新模式中的主导模态的选择因素以及多模态选择所具有的优势进行了探讨。杨文慧认为大学英语教师在大学商务英语教学中对不同模态在实用性、媒介性以及技术性板块课程中的教学理念和相互作用要有所认知。姚晓鸣从基本内容、综合教学程序两个方面构建了大学英语课堂教学的角色互动模型。钱秀娟着重对课堂教学中的视觉模态和听觉模态进行分析，并阐明了两者意义实现的各种形式。王拙从教师、模态的选择和协调、教学方法以及网络教学平台与传统教学模式的结合3个方面探讨了大学的多模态英语教学。魏涛等主要从语言专业"双结合"、形式热点"专题化"、教学手段"多模态"、教学内容"深解析"、教学素材"多元化"、学生学习"自主化"、考核评价"素质化"以及教学科研"互转化"8个方面探讨了多模态双语复合型教学模式的设计。陈小近从教师话语、演示文稿以及非言语模态的互动性3个方面探讨了多模态话语的交互设计。任俊桦集中探讨了模态的选择、搭配,同一模态各媒体间的协作以及多模态练习的设计。曾蕾调查了高校英语课堂中多模态话语教学的现状。刘菲从多模态教学资源构建、多通道教学信息传递、多模态英语课堂教学开展、多模态英语课外实践教学设计、多模态英语教学评价体系5个方面探讨了多模态英语教学的体系构建。王蓓等指出多模态话语分析理论应用于大学英语课堂教学具有积极意义。周健结合交互设计理论,建构了"互动蜂窝模型",并对该模型的7个要素进行阐释。沈兆文从教学模式、教学内容以及课程考核体系3个方面探讨了基础英语课程的多模态教学设计。郭爽认为多模态环境下大学英语任务教学分为多模态教学任务设计和多模态任务教学实施。王粉梅研究提出了勿求多、勿求同和大胆试的多模态选择三原则。刘燕从教学资源、教学方式和评价手段3个方面入手探讨了多模态视野下的独立学院大学英语教学优化研究。沈兆文则认为影视作品应用于英语教学,能够满足学生学习英语时的视觉、听觉、触觉等感觉需求,从而有利于激发学生的学习兴趣,提高学生的英语综合能力。辜贤禹认为多模态互动教学模式由学期初课程导入、单元主题选择、单元主题练习、主题活动设计、活动展示评价和教学反馈6个部分组成。柯惠娟构建了由移动学习指引、数字化辅助教学以及教学效果反馈与评价组成的多模态环境下大学英语移动教学模式。

  从上述文献看,国内的研究大多集中在将多模态话语分析理论应用于大学英语教学模式构建。研究从各方面构建大学英语的多模态教学模式取得了成绩,但该部分的研究都是思辨性的研究,缺乏验证,因此一定程度上缺乏说服力。从Seliger和Shohamy提出的"观察描述—假设提出—预示—假设检验—理论成果"演绎法研究思路来看,目前国内大学英语的多模态教学模式的研究才发展到第三步。假设只有得到试验的验证才可能发展成理论,因此,未来研究应该增加对模式的验证试验。

  多模态话语分析理论与大学英语视听说教学。谢竞贤等主要论述了多媒体、多模态条件下的听力教学本质、文本选择及任务设计。夏燕探讨了大学英语视听说教学中的文化导入互动模式。邱晓红提出以主、次模态的合理运用,模态的有机灵活转换以及模态前景、背景有效配合的路径来指导高职商务英语听说教学。任红锋探讨了听力与多模态环境、自主学习及有效学习三者之间的关系,并总结了多模态环境下自主听力有效学习的三大特征。张瑞认为多模态听力教材的运用、教学模式的设计以及学习模式3个环节构成多模态英语听力教学模式。高翔表明,静态图片类视觉信号如果主要是提供交际场景而与对话内容无关时,学生听力表现与单纯听音差异不明显;反之,则可以提升听力理解的表现。而动态视频类试听测试则有较多的积极评价。

基于文献，多模态话语分析理论与大学英语视听说教学的研究主要有：①多模态教学模式的探讨；②多模态教学设计；③多模态英语听力自主学习模式；④多模态听说测试。相比其他科目，国内研究者对该科目的研究范围更广、数量更多。究其原因，在于视听说课程本身就要求视觉模态与听觉模态的参与，因而对多模态指导教学的需求更迫切。

多模态话语分析理论与大学英语写作、词汇、口语、翻译、阅读及英美文学教学。陈楚雄认为教师教学及学生学习多模态构成了大学英语写作教学多模态化。原伟亮把写作教学分解为学前写作、课堂讨论、听取教师的范文评析、接受教师的写作指导、自我修正、小组交流与评议、课外任务型练习与接受教师评阅7个环节。王焰基于互动教学内涵和多模态理论，把写作教学分为教学主体、教学主客体以及教学客体之间的多模态互动。孙亚楠认为外语课堂中使用图像加文字的多模态话语能够为目的语学习者提供更多的语境信息，帮助其更有效地理解和记忆词汇。刘海清从构建警务英语口语库、利用视频创设情境、教师再创情境、采取形成性和终结性相结合的评价模式4个方面探讨了多模态视角下的公安院校大学英语口语教学策略。张琳认为听觉和视觉模态符号组成了大学英语口语课堂的模态符号。刘芹等从语音、词汇、句法、篇章、非言语交际等多个标注维度构建了我国理工科大学生英语口语多模态语料库。赵锐以语音训练和"主题式"口语练习为案例探析了多模态视阈下的大学英语口语教学实践。周天楠等主张从选材、课堂、翻译理论以及评估4个方面探讨翻译教学策略的多模态性。吴雪颖分析了改编电影的多模态特征，电影与文学作品的多模态融合，电影、多模态交际效果以及利用改编电影进行英美文学多模态教学的原则。郭志斌认为基于人本主义的英文影视多模态教学，教师要以"学生为本"，多开展以学习为中心的、多模态的、积极的学习活动，以实现最佳教学效果。李碧云从课堂教学、网络学习、第二课堂以及考核方式4个方面构建多模态英美文学教学模式。李冰芷认为把握英文语境中的逻辑顺序分析语篇可以提高阅读效率。姚克琴认为可以从教师教学设计、学生的多模态学习以及师生多模态反馈3个方面构建非英语专业英语阅读教学模式。马莉等从文化、语境、内容和表达4个层面探讨了在大学英语阅读教学中对学生多模态识读能力的建构。

与视听说相比较，国内学者关于多模态话语分析理论与写作、词汇、口语及翻译、阅读及英美文学教学的研究数量相对较少。虽然口语教学研究和写作教学研究占有一定的比例，但是涉及翻译、词汇、阅读及英美文学教学的研究却不多，因此完善各个方向的研究对整个英语教学来说具有重大的意义。

多模态话语分析理论与学生多元识读能力的研究。吴玲娟认为融合了文字、声音、色彩、动画、印刷版式等符号资源并涉及听觉、视觉等多种感官交互的多模态英语教学能更有效地提升学生的多元识读能力。韦琴红表明，大一学生倾向使用直观性多模态语篇来展示演示文稿，但对其他符号模态的运用以及利用技术和各种信息渠道来构建意义的能力还不够，由此认为目前大一学生的多元识读意识和能力较弱，并提出了改进策略。胡雯主张从教师和学习者两个角度出发培养多模态识读能力。万文君指出当前的学生具有一定的多模态意识及认知水平，但是对于非语言符号的表意功能还不够清晰。

该方向的研究主要涉及学生多模态识读能力培养的意义、学生多模态识读能力的现状以及培养学生多模态识读能力的教学设计。但是这些研究大体上还是限于思辨及对西方理论的验证研究，因此，探讨适合本土学生的多模态识读能力的培养方案是未来的发展趋势。

多模态话语分析理论与使用演示文稿教学研究。戴培兴等认为演示文稿具有可操作性、承载信息量大以及模态变化的优势，是语篇、语境、信息结构的再现。江华珍等从演示文稿的视觉模态、音响模态以及视频模态3个方面探讨了演示文稿在大学英语课堂的运用。范莹芳等通过文献研究、调查与采访以及课件制作及试用、效果反馈分析等方法，研究确立了文学史课程中多模态课件设置的原则。

使用演示文稿教学是目前高校课堂的主要模式，因此该类课题的研究能够有效地促进高校教学质量的提升。虽然目前国内研究指出在演示文稿制作时要注意各个模态之间的协调和搭配，但是对于各个模态之间具体应该如何搭配和协调以及各个模态搭配对于学习者会产生何种影响，研究者们大多没有给出具体答案。据此，笔者认为引进计算机技术、认知心理学等学科的知识对于该类课题的研究具有重大意义。

多模态话语分析理论及其他。魏际兰指出精读课教师话语的多模态特征可以总结为：①以视觉、听觉模态为主要模态；②以教师语言为主要媒体；③工具性媒体必不可少。陈黎峰等提出从利用跨境电商平台、实施多模态教学方法以及多模态评价方式3个方面实施课程改革。任蓉从概念意义、人际意义以及语篇意义上分析课堂中的文字和图像是如何构建意义的，并指出教师对整个课堂的掌控程度是多模态符号资源意义构成的影响因素。

目前国内多模态话语分析理论应用于大学英语教学在微观研究方面，除了大学英语多模态教学应用理论研究，视听说、口语、词汇、翻译、英美文学教学研究，学生多元识读能力培养研究外，还涉及教师话语、跨境电商课程、意义构建和多模态评价的研究，但是对后四者的研究力度还有待加强。

（二）实证性研究

龙宇飞等的研究结果表明多模态与元认知策略之间有较强的交互，两者的结合比单独的元认知策略或多模态更能促进听力理解。王玉雯研究表明多模态英语听力自主学习能有效地提高听力自主学习及口语学习能力。付蓓利用文字、图片和声音等各种符号建立一个读写情景并对该教学模式的可行性进行了验证。研究显示多模态化的英语写作教学能有效提高学生英语写作能力和对写作学习的热情，张征表明，多模态文稿演示教学能够提高学生的学习成绩，对提高学生的短时记忆效率有帮助，但与长效学习成绩相关性不够显著。刘芹等设计出一套中国大学生英语口语非言语交际标注指标，并进行了试验验证。结果表明，被试在非言语交际上存在不充分、不自然进而影响整体口语输出质量的情况。都婧婧研究认为播放电影视频班级的教学效果比未播放视频班级的效果好。盛仁泽研究了元认知策略、多模态、元认知策略和多模态交互以及传统听力和听力理解以及词汇附带习得的关系。研究结果显示元认知策略和多模态交互比单独运用更能够促进听力理解和词汇附带习得。戴志敏等构建了多模态信息认知案例教学效果评价模型，研究以学生个体、案例教学期望、案例选择偏好及案例教学准备为潜变量并进行结构方程分析，结果表明，上述4个因素不仅相互影响，而且共同影响着多模态案例教学的效果。顾成华认为网络学习平台、教师课堂导读、学生会话交流以及其他各类社会资源构成了现代信息技术的大学英语多模态自主学习。实证研究表明，该模式对于提高学生自主学习能力和学生的英语水平均起到了积极作用。陶亚楠调查了多媒体环境下不同的模态组合对专业英语听力理解的影响，研究表明：①合理模态组合可以显著提高学生的听力理解；②视觉模态和听觉模态信息需要相互对应才能发挥积极作用，并且英语字幕比汉语字幕更有利于听力理解。李晶通过实证研究检验了多模态话语分析理论应用于大学英语写作教学的效果，结果表明实验班的学生写作成绩和对照班学生的写作成绩差距显著。夏颖的实证研究则指出教师传统教学模式与学生自主学习两者折中的学生自主学习模式具有最好学习效果。

目前国内学者对于多模态话语分析理论与大学英语教学的实证研究主要集中于视听、写作、教学模式，而对口语、翻译、英美文学、学生多元识读能力、翻译等方面的研究却鲜有涉及。只有对多模态话语分析理论与大学英语教学各个方面的研究进行实证才能够证明观点的可靠性和科学性，才能够证明理论指导的可行性，因此，加大对各方面研究的实证研究对于检验各个研究成果的效度和信度具有重要意义。

三、成就与不足

目前国内多模态话语分析理论与大学英语教学研究涉及大学英语教学的各个方面，有着丰富的研究成果，标志着国内大学英语多模态教学研究逐步由不成熟走向成熟。具体而言，目前该主题的研究成就可以概括为：①研究范围广且呈现多元化趋势。纵观现有文献，多模态话语分析理论与大学英语教学研究涉及教学模式构建、视听说、写作、口语、翻译、英美文学、学生多元识读能力、演示文稿教学以及教师话语研究。②研究理论创新。自多模态话语分析理论被引介到国内以来，国内学者就开始探讨其与外语教学的结合。胡壮麟、顾曰国、张德禄等学者的研究为多模态话语分析理论应用于国内的外语教学研究奠定了理论基础。袁传有、周健、柯惠娟等学者结合认知语言学、新媒体技术以及计算机技术与多模态话语分析理论构建大学英语教学模式，对于相关研究的完善具有重要意义。

尽管国内多模态话语分析理论与大学英语教学研究已经取得了很大的成就，但仍有很大的拓展空间，具体如下：①研究范围有待拓展。通过中国知网的高级搜索引擎以多模态话语分析理论与英语教学为关键词搜索相关文献，总共搜到186篇。其中涉及大学英语教学的有121篇，初中英语教学的30篇，小学英语教学的4篇，高中英语教学的4篇，高职英语教学的25篇，中职英语教学的2篇。从不同教育层次涉及的论文研究数量来看，目前国内多模态话语分析理论与英语教学研究主要涉及大学英语教学，这和大学要求教师进行教学科研有很大关系。但是，只有加大对高职、中职、高中、初中及小学等各个层次的英语教学研究，才能够验证理论的普适性。②研究方法比重有待平衡。如前文所述，目前国内关于多模态话语分析理论与英语教学的研究主要属于思辨性研究。然而这类研究仅仅属于一种对问题的假设，研究中各种模式的创造及对英语教学的积极作用只能够看作是一种逻辑性强的推理结果，仍待验证，缺乏信度和效度。尽管国内关于该类课题的实证研究数量也在不断攀升，但是研究也仅仅限于听力、写作以及教学模式的验证，而对其他方面的研究却鲜有触及。因此，加大相关实证研究可以提升研究结果的信度和效度。③适时进行研究内容转向。蔡基刚在《"外语环境下"开展英语作为二语教学的范式探索》一文中详细论述了"外语教学"和"二语教学"，并认为把英语作为二语教学是"一带一路"和一流大学、一流学科建设背景下中国英语教学的主要出路。因此，国内多模态话语分析理论加大对 ESP(English for Specific Purposes，专门用途英语或特殊用途英语，简称"ESP")英语教学的探讨，对于适应未来国内英语教学改革的方向具有建设性意义。④跨学科知识引进不够。目前国内多模态话语分析理论与大学英语教学的研究大部分都是以胡壮麟、顾曰国、张德禄等学者的研究理论为指导理论，进行理论的研究验证，缺乏对跨学科知识的引进。然而韦琴红指出多模态话语的最大特点就是跨学科性。因此，多模态话语分析理论与大学英语教学的研究也应该引进跨学科知识，以完善相关研究。例如：以认知科学的研究成果为借鉴，用双编码理论、认知负荷理论和建构主义理论分析探讨多模态学习过程以及学生的习得特点，从而指导演示文稿上模态的呈现、搭配与协同；以语用学的关联理论来指导模态的选择；以人际语用学理论来指导大学英语多模态教学的人际意义的构建等。通过跨学科知识的引进，可以为大学英语多模态教学提供更多的研究视角，也可以为目前课题研究所遇到的问题，如模态的选择、搭配以及协同等提供新的解决思路。

网络、多媒体技术的发展使得研究者对多模态话语的关注度越来越高。国内多模态话语分析理论与外语教学，尤其是大学英语教学的研究也取得了很多的成果。今后，相关研究要基于发达的网络、多媒体技术，加大对跨学科知识的引进，以构建符合中国特色的大学英语多模态教学模式，从而更好地应对"一带一路"和"一流大学、一流学科"建设背景下中国英语教学面临的新挑战。

第四节　英语教师多模态课堂话语能力

随着信息技术的运用，英语课堂教学更具多模态性，因此英语教师需要灵活运用多模态课堂话语。从有效英语课堂话语的多模态特征入手，建构有效英语课堂模态配合关系模型，由此确定英语教师多模态课堂话语能力的核心要素，给出提升英语教师多模态课堂话语能力的对策，促进高效英语课堂教学。

随着信息化时代到来，英语课堂话语的多模态特征更加明显。但是，英语教师对多模态课堂话语地理解和运用仍存在着较多问题，课堂教学并未收到预期效果。究其原因，是因为英语教师欠缺多模态课堂话语建构能力，在课堂上对于多模态手段的运用基于经验而非科学理论的指导，有时只是为了多模态而多模态，不能取得理想的效果。笔者认为，新时代背景下，多模态课堂话语能力既是大学英语教师专业素养的一个核心要素，也是基础教育英语教师实现有效课堂教学的一项必备技能，是英语师范生学会教学的外在表征。基于上述观点，本论文将从有效英语课堂话语的多模态特征入手，建构有效英语课堂模态配合关系模型，由此确定英语教师多模态课堂话语能力的核心要素，给出提升英语教师多模态课堂话语能力的对策，这对于英语课堂教学具有更富有时代化的指导意义。

一、有效英语课堂话语的多模态性

语言并不是建构英语课堂话语的位移模态。尽管语言模态在外语教学中的作用至关重要，但其他非语言模态如微笑、眼神等在教学中的作用也不容忽视。Bezemer 分析了课堂互动中未发言的学生如何运用目光、体势及其他交际模态来实现课堂参与。Sert and Jacknick 采用会话分析路径，探讨了英语作为外语教学的课堂中，学生如何运用微笑模态来表达并解决互动中的难题。随着现代信息技术在教学中的运用，语言之外的模态诸如多媒体课件、音频、录像等开始在课堂教学中发挥越来越大的作用，英语课堂话语更具多模态性。有效英语课堂多模态话语的特征和本质开始引起语言学界的重视，学者们探讨了不同模态在语言教学与学习中的作用；课堂多种符号意义系统对教师的教学态度、教学方法和学生的参与程度、学习效果产生的影响；外语课堂教学多模态话语的体裁结构、模态语法，以及模态在共建课堂话语意义中的协同等问题。

正如上述研究所示，有效英语课堂话语要通过语言模态与非语言模态的交互作用而实现。教师要具备多模态课堂话语能力，帮助学习者提高多模态意义识读能力。但是，目前大部分英语教师并没有深刻理解有效英语课堂模态配合关系，在课堂上对于多模态手段的运用基于经验而非科学理论地指导，不能为学生提供关于理解多模态课堂话语的批判性分析指导，也没有提供给他们参与相关实践的机会，有时为了多模态而多模态，不能取得理想的效果。针对该问题，笔者将建立有效英语课堂模态配合关系模型，由此确定建构英语教师多模态话语能力的核心参考要素，然后给出提升英语教师多模态话语能力的对策。

二、有效英语课堂模态配合关系模型

语言与非语言模态在建构知识方面各自发挥着独殊功能。Liu 和 O&apos, Halloran 认为图文逻辑关系包括比较 (comparative)、互补 (additive)、因果 (consequential)、时间 (temporal) 四种。然而，话语构建的知识不仅仅是各个模态的意义之和，它还包括不同模态之间的互动意义。Unsworth 提出了语言和图像互动的三种概念意义类型：共现意义、互补意义和关联意义。本研究认为，英语课堂话语的意义建构是模态间共同作用建构知识的过程，同时也是师生间情感的交流过程。基于 Liu&O'Halloran 和 Unsworth 提出的模态间关系模式，本研究建立了有效英语课堂模态配合关系模型，该模型是建构英语教师课堂多模态话语能力的核心参考要素。

多模态配合关系模型表征了不同的符际关系，即英语课堂上诸如语言、图形、肢体言语等不同模态之间的各种交互意义，这可以从情感和认知两个角度进行分析。一方面，从认知的角度来看，模态间的相互关系分别表现为逻辑关系、补充关系和强化关系。其中，逻辑关系指的是某种模态与其他模态进行逻辑衔接；互补关系指的是某种模态为其他模态提供新内容、补充新意义；强化关系指的是某种模态由其他模态强化意义。另一方面，在情感视角下，模态间的相互关系表现为推进关系，即某种模态为其他模态提供情感支架。这在英语课堂上体现为促进师生间积极情感和氛围的构建。

简而言之，英语课堂话语的有效建构需要借助于模态间的不同配合关系。英语教师要对此做到心中有数，才能建构课堂多模态话语能力。

三、英语教师多模态课堂话语能力及其提升策略

（一）英语教师多模态课堂话语能力

英语教师多模态课堂话语能力指新时代背景下教师能够运用多模态手段实现高效课堂的专业素质，基于上面的有效英语课堂模态配合关系模型，本研究确立了英语教师多模态课堂话语能力的核心要素。

英语教师多模态课堂话语能力需要包括以下三个核心知识要素。

（1）掌握相关的语言学知识，理解有效英语课堂模态配合关系模型，即把握各模态之间的符际互动关系。英语教师教授的学科内容是语言，只有深刻理解语言的本质及特征才能把它完美科学地呈现给学生。不同的语言观会形成不同的英语教学理念。如果英语教师把语言看作是由语音、词汇、句子不同要素组成的系统，课堂教学中就会注重这些内容；如果英语教师认为语言是用来实现交际功能的，比如建议、道歉、问候等，课堂教学中则会强调这些方面。语言观是随着时代和研究的深入动态发展的，学者们对语言的关注点已从语言的单个要素上升到话语层面，对意义的研究已由语言模态拓展到其他模态。新时代的英语教师只有了解跟进多模态话语理论，才能实现有效课堂教学。

（2）了解相关的语言学习理论，形成以学生为中心的理念，即高度关注学生的学习状态，能够基于学生的特点灵活运用多模态。英语教授过程同时也是学生的语言学习过程，英语教师需要掌握相关的语言学习理论，把握学生的语言学习规律，从而更好地涉及课堂教学的各个环节。同时，新时代的教学理念强调以学生为中心，任何教学活动的设计、任何教学手段的运用以及任何课堂话语的出现，都要以有效地促进学生的英语学习为目标。英语教师多模态课堂话语能力要基于教师对学生们的学习特点、心理以及生理特征的准确认知。

（3）运用相关的教育学理论，合理把控知识有效建构规律，即以科学的多模态方式呈现知识。英语课堂精准的知识内容与知识内容的科学呈现方式同等重要。要实现有效英语课堂教学，达到事半功倍的学习效果，英语教师除了能够准确定位教学目标、精准确定教学内容，把握好重难点外，还需要运用相关的教育学理论，能够很好地找到激发学生高效接受知识的触点，同时学会运用科学的方式呈现课堂话语。

（二）提升英语教师多模态课堂话语能力的对策

围绕英语教师多模态课堂话语能力的三个核心知识要素，本节给出了提升该能力的三个相应策略：理解有效英语课堂模态配合关系并灵活运用；了解学生特点，恰当运用多个模态，协同共构知识；激发学生的兴趣触点，整合多种模态，合理把控知识有效建构规律。

（一）理解有效英语课堂模态配合关系并灵活运用

首先，英语教师要充分理解有效课堂模态配合关系。系统功能语言学认为，学习可以看作一个符号化过程，对语言以及其他模态的理解有助于构建学习过程的模式，英语教师需要了解相关的语言学知识，搞清课堂教育知识是如何被多种模态符号包装的。有效课堂的模态配合关系，分别表现为逻辑关系（依赖其他模态进行逻辑衔接）、互补关系（由其他模态补充新内容）、强化关系（由其他模态强化意义）和推进关系（由其他模态提供情感支架）。前三种模态配合关系从认知角度共建意义，而推进模态配合关系从情感角度共建意义。不同模态在课堂教学中的作用不是绝对的各司其职，它们在课堂教学中互动配合共构意义。多模态课堂话语所建构的整体意义不仅仅包括各个模态所建构意义之总和，还包括模态间的互动意义。

其次，英语教师在课堂教学中能够灵活运用各种模态，达到最佳教学效果。在英语课堂教学中一定要注意课件、图画、眼神、手势等非语言模态不能为了使用而使用，它们的使用一定要配合语言模态更好地共构语义或者说建构知识。优秀教师善于使用语言为学生提供认知支架，使用非语言模态提供情感支架。优质课例分析发现，有效英语课堂话语都综合运用了多种模态，尤其显著的特征就是大量运用提供情感支架的符际间推进关系。无论是中小学英语课堂还是大学英语课堂，教师在使用对学生表达赞扬和鼓励的非语言模态时都毫不吝啬，这些模态有微笑、眼神、手势、姿势等。这符合课堂教学规律，即教学就是师生间为达到某一目标而进行的有效互动，而有效互动的一个重要因素就是缩小师生间的心理距离，让学生喜欢老师，喜欢老师的课堂。微笑、眼神、手势、姿势等这些非语言模态恰恰就是缩小师生间心理距离，创设有效课堂的必要方式。英语教师只有对课堂教学中多个模态的不同配合关系了如指掌，才能对其科学有效地运用。

（二）了解学生特点，恰当运用多个模态，协同共构知识

首先，英语课堂多模态手段如何使用要充分考虑学习者的不同学习风格。每个学生学习的方式不尽相同。Reid 根据学习者的不同学习风格，把他们分为 8 种：视觉学习者、听觉学习者、触觉学习者、动觉学习者、小组学习者、个体学习者、依赖权威的学习者、反

思型学习者。单一模态的英语课堂教学只适合某种学习风格的学习者，因此，要实现教育的绝对公平，使个性化教学成为可能，就必须考虑学生的不同学习风格。仅仅通过语言模态来建构课堂知识是不够的，其他模态也非常有用，英语课堂上语言、PPT、图片、录像等多种符号模态的运用可以很好地适应不同学习风格的学习者。

其次，英语课堂多模态手段如何使用还需要充分考虑不同学段学生的生理和心理特征。对于小学生来说，这个年龄段的儿童心理特点仍以形象思维为主，且注意力持久时间短，易受外界环境因素的干扰。英语教师在课堂教学中除了运用抽象的语言模态外，还要充分合理地利用图画、视频等其他模态手段，以更加直观的方式提供情景并呈现知识，以此调动学生的积极性和主动性，使知识的建构更为高效。而对于刚刚跨入少年期的初中生而言，具备了一定的逻辑推理能力和抽象表达事物本质特征的能力，他们理性思维的发展还有限，教师在英语课堂仍然需要利用除语言之外的多种模态方式来激发他们对所学知识的兴趣和热情，并培养他们的学习兴趣和掌握学习的方法。至于高中生和大学生，他们已具备成年人的学习能力，思维水平开始由感官经验型转变成理论思考型，从抽象逻辑思维转向辩证逻辑思维。课堂上多模态的呈现不仅仅是为了给学生以生动形象的感觉体验，还要有助于复杂抽象的逻辑思维能力培养，要提供进行分析推理的知识概括和总结。

（三）激发学生的兴趣触点，整合多种模态，合理把控知识有效建构规律

教师与学生的教与学之间的触点不是单一的，而是多样的。教师在课堂上运用的多种模态，即语言、图片、PPT、音频、视频、肢体语言等方式，在老师的教与学生的学之间很好地发挥了不同触点的作用。只有激发学生擅长的、感兴趣的触点，才能够使学生高效地理解和内化知识，才能够激发学生的想象力和创造力。

此外，英语课堂知识的有效建构遵循语义波模式，学习过程特别是课堂知识学习就是"解包——重新打包"的过程。在多模态英语课堂中，教师采用语言、声音、动作、图像等多种方式和符号资源与学生进行交际互动，一是对新信息的解包，使学生易于理解和掌握；二是使学生能够对知识"重新打包"，完成知识内化的理想目标。但实际教学中，往往存在着教师课堂模式教条化，以为只要使用多模态教学方式就可以立竿见影，收到成效，这是对多模态教学模式的肤浅理解。按照"最近发展区理论"，有效的多模态英语课堂教学立足于新旧知识之间的联系与差别。有差别的知识才会提升学生的知识水平，这也是课堂教学的立足点。同时，这些有差别的知识必须以学生现有的知识水平为基础才有被接受的可能，即新知识与旧知识之间必须有联系，这种联系一方面依托于新旧知识之间的衔接，另一方面也与课堂教学的教学手段和方法紧密相关。教师通过"解包环节"运用多种模态将新旧知识呈现给学生，使教师与学生、新知识与旧知识之间产生非线性作用，有利于"重新打包"环节地顺利进行，从而完成英语课堂知识的有效建构。

在多模态英语课堂话语中，语言、视觉图像(PPT、视频、图画)和肢体言语等每种模态在帮助学生建构知识方面都发挥着不可或缺的作用。英语教师只有提升自己的多模态课堂话语能力，才能了解语言与超语言的意义创造资源机制，才能以符合学生认知规律的科学方式建构高效课堂。

第五节 多模态话语理论与商务英语教学

实践教学维度中可以将商务英语的教学环节视为整体学习系统，细分其中的教学层面，建立基于文化、语境、意义、形式、媒体等五个方面的多模态教学结构框架。本研究围绕多模态话语理论的基础框架，解析基于多模态话语理论的商务英语教学方式。希望从可设计阶段、设计环节、再设计阶段、以及统筹设计方向等多重角度，优化商务英语教学活动的实践效果，真正发挥出多模态话语理论在指导商务英语教学中的应用效果。

多模态话语理论的英文全称为：Multimodal Discourse Analysis，能够为商务英语课程提供全新的教学方式，并加强商务英语教学环节中的信息传递与吸收，真正提升商务英语的教学质量和效果。伴随多模态话语分析的兴起，国内外关于二语习得的教学方式进行了深入探讨。相关文献重在探讨研究方法、路径、理论基础，很少涉及教学环境、模式、文化交流、学习感受等方面的多模态构建机制。为此，本研究从商务英语教学在文化、语境、意义、形式、媒体等层面的多模态框架中，总结了全新的商务英语教学方法。

一、多模态话语理论的基础框架

多模态话语理论，是建立在系统功能语言学理论基础之上的理论范式。虽然多模态话语理论扩大了语言学研究范畴，但系统功能语言学理论本身并不需要进行调整，便可以直接作为多模态话语理论的框架。其框架结构由 Martin 等提出，主要分为五个层面，分别为：文化、语境、意义、形式、媒体。

（一）文化层面

文化层面是对于多模态话语理论的意识形态分析，任何语言在描述某一种事物时，都会从文化现象或文化路径中选择切入点。商务英语教学，也需要剖析英语国家的深层文化规律，引导学生掌握这种规律，才能形成与对方国家高度一致的思考模式，并演化为相似或完全一致的交流形式。

（二）语境界面

语境界面是基于多模态话语理论的语境结构范畴而设定的研究方向。语境范围较广，包括话语基调、特点、方式、范围，是对于英语交际语境的系统分析。在商务英语教学中，如果无法引导学生从具体的商务活动中发掘这种语境特征，那么学生的语言文化理解也仅停留在感知层面，而无法深入至应用层面。因此，在商务英语教学中，应当尽量关注多模态话语理论的语境界面教学应用。

（三）意义层面

意义层面的多模态理论层级，是基于文本意义、沟通技巧意义、语境含义所产生的理解层级。英语文化在特定的商业环境中所展现出的意义层面截然不同，引导学生区分这种意义层面的差异度，有助于学生掌握商务英语沟通技巧，规避低级的语义错误习惯，建立良好的商务英语认知模式，对长期学习商务英语技巧和方法具有深远地影响。

（四）形式层面

形式层面是基于语言系统的深层认知，不同形式的商务活动，所表现出的语法或理念并不完全相同。形式上的区分，是介于本方意愿达成，与对方沟通意愿成立的信息交互形式。商务英语教学中，关注学生在不同商务活动情景中的语义表现形式，学会运用商务英语知识，解析文化交际盲区，有助于学生未来职业发展中掌握更多的交流技巧，对商务英语的表现形式或表达方式训练具有积极作用。

（五）媒体层面

媒体层面是基于多种表达方式的媒介综合运用，包括：PPT、实物（投影）、网络平台、音响、同声传译等技术设备提供的信息内容。在商务英语教学中，引入大量多媒体或社交媒体技术，可增强商务英语教学本身的互动性。

二、多模态话语理论视域下商务英语活动的优化方向

商务英语教学活动应当更加关注学生的交际能力，对于学生读写能力方面的培养，应当更加集中于教学设计的针对性。学生的学习过程可以建立多模态环境，可划分为四重方向，分别为：可设计阶段、设计环节、再设计阶段、以及统筹设计方向。

（一）Available design 可设计阶段

可设计阶段（Available design），特指利用商务英语学生已经掌握的知识点来设计多模态教学路径。通过全新的学习资源引入，让学生对以往知识点进行回顾，同时在特定的文化情景之下进行知识迁移。可以在学生已经具备的语言能力基础上，或者能够以不同模态进行对话交际时，引入新型的交际训练模式，产生多模态语言知识理解效果。诸如，在学生掌握了某一种句式的写作习惯后，仅停留于写作层面的模态能力，而并未深入表达层面的模态感知。因而，可以训练学生表述自身所写文章，并清晰地表达出自身的所思所想，完成语言教学的多模态跨越。

（二）Design process 设计环节

设计环节（Design process），特指运用学生已经具备的能力和资源，去创造全新语义理解层面的教学设计环节。诸如，当学生具备了较强的听力能力，但口语表达能力较弱时，教师可逐步加深听力素材的难度，让学生口述其中的关键知识点，并回答听力部分的所设问题。那么学生则在听力模态和口述的表达模态中形成了语言训练对接，将固有的知识能

力迁移至不熟悉的模态层级之中,掌握商务英语的技巧,延展其知识点的模态结构之后,达到更为理想的英语知识应用能力培养效果。

(三)Redesign phase 再设计阶段

再设计阶段(Redesign phase),特指在学生已经具备的英语能力之上,对其学习资源或能力范畴进行重新组合,令学生的语言能力得到多维补充。例如学生在商务英语的对话交流等方面可以达到无障碍沟通,但是对于深层的商务英语文化掌握度不足。此时学生是在以往学习环境中,过于依赖当前的语境练习模式或者文化交流形式,是无法脱离学习环境或背景的一种语言习惯束缚。教师可以重新调配学生所使用的学习资源,为学生创设全新的对话练习情景,设置有别于此前商务活动背景的文化体验,让学生从文化交际背景的转化中,习得并掌握更多的跨文化交际能力,丰富学生英语知识在实践应用层面的能力成长。

(四)Overall design 统筹设计方向

前三个教学方向,是依据本班学生具体学情而划分的教学层级,是参考学生个人能力的微观指标而总结的可优化教学方向。但是在实际的商务英语教学过程中,很难精准把握每一位学生的个体能力,需要从更为宏观的角度统筹规划总体教学方向。对于统筹设计的教学方向而言,需要在国际化视野之下甄选教学素材,以多元化的形式展现给学生,进而满足学生对于商务英语异域文化的深刻感知,形成多维体验的学习效果。

三、基于多模态话语理论的商务英语教学革新路径

(一)拓宽多模态文化层面展现形式

商务英语教学中,所涉及的具体知识点以及商务活动规律,或者商务文化形式,远远脱离学生的实际生活。在文化层面的多模态话语分析结构中,形成文化思考路径,需要对商务交流的文化活动更为了解,才能在感知异域文化的基础上,形成商务英语思维。基于此,应当在教学过程中,尽量拓宽教学内容的多模态展现形式。一方面,可通过校企合作模式,将商务英语在企业中的应用案例带入课堂,让学生直接从商务英语的实践案例中感受商务活动的文化形式。另一方面,可为学生提供虚拟的商务活动场景,在预设的虚拟场景之下,进行对话练习、写作练习,训练学生在特定语言文化环境之下的商务英语应用能力。进而对商务英语活动的文化内容加以刻画,将更为形象的文化形式展现在学生面前,培养学生商务英语交流和写作的多种能力。

(二)开发多模态语境界面授课方式

商务英语中的语境界面,是多模态话语理论框架中最难以构建的教学层级。在此方面,需要尽量转化语言环境的授课方式,让学生感受到不同商业活动的特殊语境,进而掌握商务英语沟通技巧。诸如:在农业或食品类的教学素材中,可引入视觉、味觉等方面的多模

态语言信息解读内容。将描述商品价值和类型的形容词作为教学侧重点，将可视化的商品作为教学工具，让学生从多维角度感受到商品价值本身的语境界面，而后细分教学内容和训练方式。在学生围绕该语境进行深入分析后，总结其中的关键知识点和内在含义，不断加深记忆和语境界面的体验效果，可增强学生的商务英语交流能力。

（三）延展多模态意义层面教学素材

学生对于商务英语的意义层面理解，不仅需要对词汇、句式、语法产生客观认知，同时需要在深层文化结构中掌握交流技巧，才能更为广泛地应用商务英语知识，来进行商务活动的深入交流。在构建多模态意义层面的过程中，重点在于凝练教学素材。教师也需要将最新、最快、最全的商务活动资讯和新闻带入课堂，继而培养学生的超前意识与宏观视野。将商务英语词汇本身的含义或以往时期的定义，与当前商务活动最为普遍的英语意义进行对比，让学生了解每一层语义在时代发展中的引导作为和微妙变化，进而达到更为良好的教学效果，令教学素材对商务英语教材有所补充，帮助学生诠释英语词汇在当前商务活动中的唯一意义或多重意义。

（四）完善多模态形式层面实践环节

商务英语的最终应用，是在商务活动中使用英语词汇、语法、句式来进行表达和沟通。这种商务活动环境之中的深层交流，是建立在形式层面的实践环节。虽然可以带领学生到企业中见习，或者将企业中的商务活动资料带入课堂讲解，但是都无法为学生提供最真实的商务英语操作环境，是在多模态框架结构中形式层面的教学指导缺位。为此，需要尽量将教学活动与商务活动重叠，让学生在商务活动形式中感受商务英语的真实应用途径与方法。可以与企业方建立深层合作关系，将企业商务英语方面的翻译工作交由本校学生完成。进而通过实践演练，不断强化学生在多媒体形式中所需要经历的翻译经验累积，在实践环节中凝练学生的商务英语交流经验。通过设计实践教学环节，以及统筹实践教学环节的授课形式，来优化多模态形式层面的实践规律，不断增强学生对于商务活动的深刻感知，达到综合运用商务英语知识的能力全面提升。

（五）优化多模态媒体层面学习感受

在商务英语的教学活动中，可将学习资料上传与社交媒体平台，诸如：微信公众号、微博，或制作成为微视频之后在直播平台展现。采取社交互动形式的商务英语教学模式，可增强学生对于商务英语知识的交流互动效果。而扩增了模态层面的多模态结构之后，教学时间也可无限拓宽，从课堂教学转化为网络虚拟教学，为学生创建更多交流互动的机会，在社交网络环境下，开展更多的商务英语活动。

综上所述，多模态话语理论的基础框架可以划分为：文化、语境、意义、形式、媒体等层面，围绕其理论基础框架，可优化商务英语教学环境、方法、模式乃至学生的学习感受。在教学过程中，需要对整体教学氛围和互动形式加以刻画和引导，通过可设计阶段、设计环节、再设计阶段、以及统筹设计方向等多重角度，优化商务英语教学活动的实践效果。同时需要关注商务英语教学方法的改良革新程度，通过拓宽多模态文化层面展现形式，开发多模态语境界面授课方式，延展多模态意义层面教学素材，完善多模态形式层面实践环节，优化多模态媒体层面学习感受，真正发挥出多模态话语理论在指导商务英语教学中的应用效果。

第六章　多模态话语分析在英语教学中的应用研究

第一节　多模态话语分析在旅游英语听说课程的应用

根据旅游英语听说课程特点,将英语语言听说同旅游英语专业场景语境结合,在旅游英语听说教学中引入多模态话语分析。在分析多模态话语分析优势和旅游英语专业课程特点基础上,探索多模态话语分析在旅游英语听说中的场景应用,构建了多模态话语分析实施方案。结合实际教学场景分析了场景资源组合排列,实施多模态话语资源优化,旨在提高旅游英语听说的话语有效性,在实际教学过程中提高了教学效果。

多模态话语分析着眼于将语言同相关其他资源整合,将语言系统和相关符号系统相结合的过程,结合图像、色彩、视频、音乐等模态,将视觉、触觉、听觉等模态用于读取沟通信息,以达到全面高效地解读话语意义目的。大学英语听说除了语言本身之外,还包含了手势、表情、目光交流和表述相关语音语调等评价指标,都需要在多模态环境中加以引导学习。旅游英语听说的专业性和场景使用是全方位和立体的,单一的听说学习和教学对学生来说既是枯燥的也是不全面的,全方位的引入多模态的教学,在全面提升学生专业听说能力同时,可以提高社会交际融入能力。

本节在实际教学过程中,结合旅游英语专业英语听说课程的特点,从授课、交流、练习以及测试等方面,探索多模态话语分析在旅游英语听说中的场景应用,旨在提升学生话语解读的准确性和全面性,提升教学效果和学生的能力。

一、旅游专业听说多模态话语分析的重要性

(一)多模态话语分析在听说教学中的优势

多模态话语分析作为感知交际过程中综合应用的方式,早已超越了语言学的范畴,从普通的纸质语料研究对象,已经扩展到全方位的多维立体对象;不仅基于多媒体教材、在线网页,而且也包括各种舞台等实际运用场景。也同样超越了英语听说的课程教学过程,扩展到了包括旅游英语相关的领域,研究多模态语境下的话语分析可以有效地克服和弥补

单一模态话语分析的诸多不足，多模态语言教学和听说能力的培养已经成为一种趋势。传统大学英语听说教学模式，预先设定了较为固定的教学大纲和教学内容，往往为了单一的课程检测服务，但是英语听说的教学目的在于能够在灵活的场景下恰当地听说表达。多模态的语言听说训练为可以为学生提供多种切合实际的场景交流体验，利于激发师生互动，教学相长的学习兴趣的和能动性，在多模态语言环境中可以不断增强自主适应能力和领悟能力。因此多模态话语分析引入听说教学的优势是显著地。

（二）旅游英语听说引入多模态分析的必要性

随着教学改革的推荐和信息社会的快速转变，旅游英语听说必然面临着更高的要求。学生不仅要掌握旅游口语相关知识，更重要的要掌握交流、交际听说相关的技能，提升自身的综合水平，为职业发展奠定坚实的基础。单一的教学模式或语言听说教学已经不能很好地满足旅游听说课程的实际需要，在实际教学过程中，我们甚至还要刻意创造多模态场景，不限于常规的听说或视频。比如在旅游听说的实际应用中，实际的话语交流绝大部分同学都可以熟练地掌握，但是，在很多看似熟悉的场景中，不同的语调和交流，听说的效果大相径庭，在教学过程中我们会设置同一个听说场景，让学生利用不同的听说技能引导训练不同的交际目的，才能更全面有效地获取信息，因此，多模态话语分析是必要的。

二、旅游英语听说的多模态话语分析

（一）旅游英语听说的课程特点

旅游听说的课程目标是培养应用型的旅游人才。通过学习旅游相关的词汇、句型、术语及相关的人文背景知识，在掌握旅游专业词汇和特定英语表达方式的基础上，能够熟练运用英语听说能力，提高旅游行业相关英语综合交际能力，熟悉涉外旅游相关的工作流程。通过学习和训练，不仅要掌握旅游口语的表达，还要完成课内外相关作业；同时，要融入旅游相关专业场景，使用合适的表达方式，注重语气和信息的有效性，清晰地讲解旅游景点同时，还要能很好地处理旅游中的诸多相关场景（协调、入住、餐饮、购物、应急、登机、火车、投诉、突发情况处理等）。可以看出旅游英语听说课程的这些特点和要求，都存在着多模态话语分析的必要性，需要进一步的结合旅游专业的特点，分析旅游英语听说可能涉及的场景采用合理的模态话语分析，才能更好地达到教学效果。

（二）旅游英语听说多模态话语场景分析

从旅游英语听说的课程目标和特点可以看出，旅游英语听说课程特点就需要涉及实际的场景语境，在不同的场景和语境下，必然需要不同的多模态话语分析。如图一旅游英语听说主要场景。旅行社英语主要包括旅行社接待、旅游线路的规划、旅游产推介、相关预定、处理投诉等场景细节，能够熟练完成角色模拟和情景对话；机场英语主要包括机票代订、办理机场登机、海关检查等场景细节，要求能够准确地表达、高效地完成任务；观光导游包括景点介绍、观光、导购、应急处理（包括交通突发、疾病突发、协调处理）等场景细节；酒店服务包括酒店预定、办理入住、安排协调、离店手续等场景细节，跨文化交际在旅游英语口语中贯穿很多场景，要求能对涉外的本土文化交流、中国文化知识等恰当的表述。以上这些都需要在特定场景下，结合听、说、语音、图像、感情、专业等多模态话语分析加以训练。

三、旅游英语听说教学引入多模态话语分析

（一）旅游英语听说课程多模态话语分析实施方案

在分析旅游英语听说课程特点及多模态话语应用场景需求的基础上，我们在旅游英语听说课程教学中引入了多模态话语分析。如图二旅游英语听说课程多模态话语分析实施方案所示，首先确立多模态旅游英语教学目标，在熟练掌握英语语言听说的基础上，融入实际旅游交际场景，进一步根据教学内容和课时要求，充分考虑学生的特点，有所取舍的合理设置旅游英语听说的场景语境；随后，根据不同的场景需要，整合多模态话语分析资源库，进行优化配置，最后在课堂、练习及综合测试的各个环节中组织实施。经过几年的摸索，优化并寻求一种相对适合教师教学和学生模拟演练的场景，需要不断的迭代模拟反馈，每一堂场景教学都需要不断地修正。

（二）旅游英语听说多模态话语分析场景资源组合

在实际的旅游英语听说多模态教学中，时间和条件毕竟是有限的，在特定的环境中不可能是实景再现的。于是我们结合实际进行了相对有效的多模态组合分析，如表一旅游英语听说课程多模态话语组合分析表所示，表中我们示例性列出了实际教学中常用的语境场景，进行了一定的组合，比如在教学中，作为老师，要充分利用多模态话语分析资源，从听觉、视觉、触觉等等模态让学生尽可能地实景感受，课堂上除了常规的口语、语速、声音、手势、表情、PPT资源、教室中桌椅等模态组合模式，我们还要充分利用网络资源，以音乐、动画、图像的形式模态，将学生引入旅游专业口语的实景再现中。对于专业性较强的旅游英语口语听说，如果一味坚持老师的课堂教学，没有让学生主动融入实际场景中听说演练，没有让学生亲身使用多模态话语模拟演练，教学效果一定会大打折扣。

如表一中我们常用的场景模拟、酒店预订及相关协调中，我们注意多模态话语分析的组合运用，结合模拟的场景，重点强调语速、表情、声音、手势、目光在涉外旅游中的多文化差异，突出在旅游英语口语中每一模态对酒店预定协调管理的话语影响。在实际的演练中我们发现，同一个场景，不同的语速、表情、语调结合不同的手势目光，获取信息处理的过程及结果可以是截然不同的，大部分同学受益匪浅。对于模拟过程中出现的问题我们加以及时地总结反馈，有针对性的布置练习，同时在课程测试中重点考察。就地取材、合理设计，充分研究具体场景的多模态话语分析的合理组合，提高了教学效果。

引入多模态话语分析应用于旅游英语专业听说课程的教学，是我们在教学过程中的探

索，在分析多模态话语分析和旅游英语专业课程特点基础上，深入分析了旅游英语听说课程多模态话语场景，在此基础上我们构建了多模态话语分析实施方案，结合实际教学场景分析了场景资源组合排列，实施多模态话语资源优化，在实际教学过程中提高了教学效果。

第二节 多模态话语分析在英语翻转课堂中的应用

多模态话语分析理论是指将表达过程中需的所有符号看作不同的模态，是以语言学家韩礼德(Halliday)的系统功能语言学为基础的。模态指人类通过感官(如视觉、听觉)跟外部环境(如人、机器、物件、动物等)之间的互动方式。用单个感官进行互动的叫单模态，用两个的叫双模态，三个或以上的叫多模态。在与其他人进行沟通时，除需要必需的语言系统外，还包含多种其他模态的协作与配合，如：通过图像、音乐、视频或表情手势等刺激听觉或视觉方面的感受。我国对多模态话语的研究还处在一个起步阶段，但一些学者已经在尝试理论联系实际，将多模态话语分析理论与我们的生活、工作、学习相结合。例如，对电影字幕的分析、广告、海报的分析等。将多模态话语分析与外语教学行为相结合也使得我们对多模态的研究进入了一个更积极的阶段。应用型高校英语翻转课堂的实施应以多模态话语分析理论为指导，结合多种模态，相互补充、协同，不断强化，以全方位、多角度、多模式互动，激发学生的学习兴趣，调动学生的学习主动性，从而达到活跃课堂气氛，提高教学效果的目的。

一、多模态话语分析理论应用于应用型高校英语翻转课堂的必要性

（一）与翻转课堂的特点相吻合

翻转课堂是一种改变了传统的教学流程的全新教学模式，它颠倒了知识传授和知识内化。它通过学生在课外观看教师课前制作的多模态视频，回到课堂上在教师指导下协作解决问题以及在课后利用多模态视频巩固复习的这样一种教学形态。面对新的教育形式，要适应新的教学局面，实现新的教学目标，英语教师就需要寻求应用型大学英语教学的新发展。多模态话语分析在新媒体时代得到了发展，翻转课堂的兴起颠覆了传统的课堂教学模式，两者的结合充分发挥了数字媒体技术的优势，采用全新多元的教学模式，为外语人才的培养搭建理想的平台。

（二）贴近社会生活实践

应用型高校的英语教学注重实用性，要求教学内容贴近社会生活及职场活动场景，塑造学生在生活和职场中实际运用语言的交际能力。将多模态话语分析理论应用于英语翻转

课堂，可以更大程度地将学习内容和课堂话语回归到现实日常生活中。通过各种媒体如视频、音频、图像等编织展现和模拟社会生活的教学内容和成果。这种基于现实生活和职场情境的仿真体验，不但能激发学生的学习兴趣、引起共鸣，而且本着来源于生活，回归生活的原则，可以更好地将学到的知识应用到社会实践中。

二、多模态话语分析理论应用于应用型高校英语翻转课堂的途径

（一）丰富多模态的教学内容

英语翻转课堂要求学生课前观看和预习教学内容，可尝试增加多模态的教学内容，如可以调动学生听觉和视觉的视频、音频、PPT、图像等，通过多媒体的手段向学生传递教学内容，以引起学生对学习内容的关注。在多模态教学中，教师可以采用多种生动、有趣的形式来展现文本内容，更有利于学生对所学内容地吸收和掌握，促进对学习内容的内化和理解，取得较好的教学成效。应用多模态话语分析理论，借助多媒体的手段和媒介，系统地设计应用型高校英语翻转课堂的教学内容，包括课前预习内容和课堂学习内容，打破个体时间、空间、地域的限制，使知识的学习可以与媒介、环境、社会文化相融合。

（二）采用多模态的教学模式

信息技术与多媒体技术的发展促进了多模态理论的产生与发展，使信息交流与意义表征多模态化，促使我们转变传统单一的教学模式，实施多模态教学，最大限度地提高教学效果。应用多模态话语分析理论，将图像、声音、语言、动作统一协调于多模态系统，构建最有意义的表达、交流方式，为学生提供多模态的学习环境，充分激发学生多感官的潜能，提高学生的学习效果。多模态话语分析理论为英语翻转课堂教学提供了教学情境和感官条件，使应用型高校英语教学走向多元化发展，提高课堂教学质量。

（三）创建多模态的教学评价

翻转课堂在实践中不仅仅是教学方式的转变，更重要的是在新的教学理论条件下对教学设计、教学评估的翻转。如今传统的将期末考试作为最主要甚至是唯一的考核评估方式已不再适用于新时期的要求，也无法客观有效地反映学生的真实学习水平。因此，应用型高校英语翻转课堂需要创建多模态的教学评价体系，教师检验学习效果、学生反馈学习成果时都可采用多模态的方式，如将情境对话录制成视频，将小组讨论的结构以PPT形式汇报等。这些多模态、多样性的评价方式不但能激发学生参与课堂学习的主动性和积极性，而且更能帮助学生学以致用，将所学知识有效地应用于日常生活和职场环境中。

多模态话语分析理论和翻转课堂教学模式都是信息化多媒体发展下新形势的产物。多模态的产生与多模态理论的提出对于补充翻转课堂教学手段和完善翻转课堂教学理论有着积极地促进作用。将两者有机的结合能够丰富课堂内容，提高学生英语学习的主观能动性，使英语教学达到最佳效果。将多模态话语分析理论应用于翻转课堂，为应用型高校的英语

教学提供了一种新的思路，也为广大英语教师提供了努力探索的方向。

第三节　多模态话语分析在大学英语教材中的应用

多模态话语分析视角下的大学英语教材属于第五代大学英语教材的范畴。多模态大学英语教材除了包括传统的纸质教材以外还包括多媒体光盘和计算机网络学习平台，从而为学生提供了良好的学习资源。多模态大学英语教材旨在打破传统的以"教师为中心"的教学理念和教材编写理念，培养学生主动学习、自主学习、个性化学习、情景学习和协作学习的能力，提高学生的英语综合应用能力。

大学英语教学是高等教育的一个有机组成部分，大学英语课程是大学生的一门必修的基础课程。英语教学在大多数高校都给予了足够的重视，虽然在人力、物力等方面投入了很多，但收效甚微。其主要原因是教学模式陈旧落后，而教师采取什么样的教学模式很大程度上依赖于所使用的教材。教材改革是教学改革的关键。因此，大学英语教材一直处在不断发展和变化之中。大体上共经历了四代教材，前三代教材基本都是以培养学生的阅读能力为主，以课文为基础，讲授语法，是典型的传统教学模式。第四代教材开始利用现代信息技术，逐步实现了教材立体化，但传统的教学模式仍未打破。因此，有必要开发第五代教材以改变传统的教学模式，陈坚林提出第五代大学英语教材的框架。本节在对上述四代教材研究的基础上，依据多模态话语分析理论，从教材编写的理论基础、教材的组织结构及其使用原则来探讨研发多模态大学英语教材的可行性和必要性。

一、多模态话语分析视角下大学英语教材编写的理论基础

（一）多模态话语分析的概念及其理论基础

从 20 世纪 50 年代话语分析理论提出以来，该理论在系统功能语言学框架下日益丰富，随着信息技术的发展，人们开始关注影响意义构建的许多副语言形式，也包括语言本身。因此，在 20 世纪 90 年代西方兴起了多模态话语分析理论（multimodal discourse analysis）。多模态话语分析是在话语分析基础之上产生的一个独立的前沿学术研究领域。多模态话语分析是指运用听觉、视觉、触觉等多种感觉模式，通过语言、图像、声音、动作等多种手段和符号资源进行交际的现象。多模态话语分析把各种交际模态都看成意义构建的来源，如音乐、绘画、舞蹈等社会符号。英语课堂教学中存在很强的多模态性，如多媒体课件、图片、音频、视频、动画、手势、面部表情、身势等都属于多模态范畴，在英语教学中发挥着很重要的作用。

虽然多模态话语分析也从 Peirce 等人的符号学理论中吸取了媒介、对象、解释三位一体等理念，但其主要的理论基础却是 Halliday 创立的系统功能语言学。因此，多模态话语

分析视角下的大学英语教材编写的理论基础主要是系统功能语言学。

（二）多模态大学英语教材与大学生英语语言应用能力的关系

大学英语的教学目标是培养学生的英语综合应用能力，特别是听说能力，使他们在今后的学习、工作和社会交往中能用英语有效地进行交际，同时增强其自主学习能力，提高综合文化素养，以适应我国社会发展和国际交流的需要。因此，多模态大学英语教材要着重培养学生以下能力：认知能力，也就是要培养学生的学习语言知识的能力，比如如何记忆词汇，如何理解所学语法点，如何在具体实践中运用所学知识；功能能力，即培养学生的语言技能，包括听、说、读、写，比如在一个母语是英语的国家可以成功地购买到所需的东西或者能顺利点自己喜欢的餐饮；策略能力，即培养学生的元能力，包括学习策略和自我学习能力；社会能力，即要培养学生如何运用语言去和别人进行沟通交际的能力，比如在一个集体活动中应该如何与别人进行沟通，如何合作，如何在合作中解决问题，是否有思辨以及创新能力，是否有使用信息、媒体与技术的能力。上述内容均可在即将出台的《大学英语教学指南》当中有所体现。

二、多模态话语分析视角下大学英语教材的组织结构

从前文论述可知，大学英语教材大致经历了四代教材，当前各个高校所使用的教材基本都属于第四代教材。第四代教材也有其自身的优点和缺陷。教材变得立体化，教材系列多，分工明细，听说读写各成一本。第四代教材已经完成从纸质平面教材到多媒体立体式教材的过渡，但"以教师为中心"的教学模式未被打破。而且经过笔者的调查和授课发现，目前教材内容比较庞杂，而课时相对较少，与期末考试或者四、六级考试无关的内容就不讲授，因此教材利用率不高。教材所配光盘也只是教材内容的电子文本形式，与教材内容重复，学生没有太大的兴趣去学习。在多模态话语分析指导下的第五代大学英语教材编写要力求避免以上问题。因此，在多模态话语分析理论指导下的第五代教材的研究要充分利用计算机网络，吸收第四代教材的优势。多模态话语分析理论指导下的第五代大学英语教材包括纸质课本、多媒体光盘和计算机网络学习平台。

（一）纸质教材的研究

关于纸质教材，尽管随着信息技术的发展，电子教材越来越流行，但纸质教材有电子难以逾越的优势，如不受网络条件、电子设备等的限制，可以随时随地阅读。因此，纸质教材还是最主要的教材。在第五代教材研发过程中要注意以下几点：首先，第四代大学英语教材是由重点院校的专家、教授编写，难易程度只适用于重点院校，因此第五代大学英语教材在教材内容上要落实好大学英语课程教学要求，教材的难易程度要处理好。教材难易程度的处理应该利用语料库，我们知道语料库具有真实性、代表性、规模性和一定的结构性等特征，它收集了大量真实的具有代表性的语料，因此在编写教材的过程中要充分利用现有的有关大学英语学习者的语料库，从中可以了解不同阶段学习者的英语水平去把握

教材的难易程度以适应当前不同阶段大学生的英语水平。其次，当前的第四代大学英语教材内容太过于庞杂，教材没有被充分利用，使得教学资源被浪费。因此，在多模态话语分析视角下的大学英语教材研发时要注意教材的容量要与课时相吻合，使教材能够被充分利用。再次，第四代大学英语教材选材较贴近学生生活实际，适当培养学生的英语应用能力，但是在传播中华文化和丰富文化知识方面欠缺。因此，第五代大学英语教材的教材内容应该包含课程要求中的语言要点及丰富的文化背景，选材方面要注意中华文化的传播，要将听、说、读、写、译融为一体。最后，第四代大学英语教材排版上主要是文字模态，有少量图片和文章内容没有太多关联。因此，第五代大学英语教材在教材排版过程中，要结合多模态话语分析理论，如读写教程主要是视觉模态，所以要注意视觉模态的子模态地运用，包括图像（照片、肖像、图像、图表、地图、流程图等）、字体、颜色等，将这些模态整合好。除视觉模态外，教材中也有其他模态提示，如某个地方的文本有相应的音频或者视频，找到这些音频、视频的链接或者地址是什么，在教材相应地方都会有标注，帮助学生扩展视野。

（二）多媒体光盘的研究

多媒体光盘是以电子文本形式出版的电子文本，第四代大学英语教材也配有相应的光盘，它只是纸质文本的电子版形式，对学生帮助不太大。但在多模态话语分析视角下的第五代大学英语教材研发，多媒体光盘不再仅仅是纸质教材的电子版形式，即仅仅是纸质教材的所有录音文本，它也包括与纸质教材相匹配的多模态学习材料，如多媒体学习课件、相关学习网站的链接、相关网络课程、难题的讲解等，学生通过利用多媒体光盘可以进行立体演示以及情感的激励，有效地帮助学生在课外的学习及提高学生学习英语的兴趣。

（三）计算机网络学习平台的研究

第四代大学英语教材也涉及计算机网络，但也只是纸质教材的翻版，基于互联网的计算机的超强功能没有被充分挖掘出来。而在多模态话语分析理论指导下的第五代大学英语教材的计算机网络学习平台的研发是基于课程内容但又高于课程内容的，多给学生提供一些相关文化背景的链接，这样可以延展学生的课外学习，当中教师可以给学生提供自主学习的网址，这样学生的个体差异会得到有效尊重。生生之间、师生之间、学生和计算机、教师和计算机之间可以进行立体互动。通过建立网上学习平台，为师生提供涵盖教学设计、课堂互动、教师辅导、学生练习、作业反馈、学习评估等环节的完整教学体系。学习评估主要是过程评估，即通过该平台可以看到学生在线学习的时长、作业完成情况以及学生的学习效果。该平台打破了传统的以终结性为主的评价系统，有利于适时督促学生去学习。该平台也会根据课程内容及时更新以适应学生的需求。

三、多模态话语分析视角下的大学英语教材使用的基本原则

陈坚林认为，前三代大学英语教材的研发和编写都是基于"以教师为中心"的理念，

而第四代大学英语教材虽然在表面上看是基于"以学生为中心",但实际上它并没有打破"以教师为中心"的教学模式。主要问题除了在教材的组织结构外,在教材的使用原则上也出现了问题。多模态话语分析指导下的第五代大学英语教材的使用原则是要以"教师为主导,学生为主体,学习为中心",通过有声模拟、内容认知、文化习得、社会交际运用、输出语言、反复循环递进来进行"自主学习、个性学习、情景学习和协作学习"。

(一)以"教师为主导"

所谓以"教师为主导",即在教学过程中教师不再是教学的主体,而是教学过程的组织者、指导者、咨询者以及倡导者,在教学过程中起着指导、督促、促进以及合作学习的作用,教师的主导作用可以使教学过程更加优化。

(二)以"学生为主体"

该套教材的研发是在多模态话语分析理论指导下进行的。教师在使用该套教材的课堂教学活动也应该遵循多模态话语分析理论。因此,所谓以"学生为主体",即在教学过程中教师要充分调动学生的主动性、积极性以及参与性,调动学生的多种感官参与到课堂教学过程中,从而让学生体会到学习带来的乐趣,增强学生的学习兴趣,这也充分体现了多模态话语分析理论。

(三)以"学习为中心"

所谓以"学习为中心",即在使用该套教材进行教学的过程中,要让教师明确在该教学模式下学习已经不再只是学生的事情,教师也要以学习为中心,通过不断的学习来充实和完善自己。教师通过学习才能在学生不断进步的过程中来解答学生所提出的问题,迎接好学生的挑战;才能沉着应对教材的不断更新;才能更好地、更充分地利用该套教材进行教学;才能研发出越来越好的教材;也才能形成师生共同学习共同进步的教学模式。

在以上三个理念的指导下,要求学生做到"自主学习、个性学习、情景学习和协助学习"。人们普遍认为,自主学习就是无教师参与的学习。实际上,自主学习不是"无教师学习"。自主学习的根本关键是一种自我学习、自我探索的过程,它表现出很强的合作性、项目性和批判性,即要求学生之间有合作精神、积极性及主动性,学生应该有批判性地去完成任务。在使用多模态话语分析视角下编写的教材,学生可以通过多媒体光盘和计算机网络学习平台来进行自主和个性化学习,也就是按照自己的学习习惯和速度来学习,充分发挥学生的自主性和个性。学生也可以通过计算机网络平台进行情景学习,如情景对话、有声模拟等。同时也可以利用该平台来进行生生、师生协助学习,提高学生的学习效率和学习兴趣。

总之,多模态话语分析理论指导下的第五代大学英语教材在使用网络学习方面有其自身的优势。因此,各地区、各类高校应该鼓励教师积极建设和有效使用微课、慕课、翻转课堂等教学模式,充分利用网上优质教育资源改造和拓展教育内容,为学生提供良好的教学资源,使学生朝着主动学习、自主学习和个性化学习方向发展。因此,建设基于多模态话语分析理论的大学英语教材势在必行。

第四节　多模态话语分析在大学英语课堂上的应用

随着教育改革的不断深化，多模态话语分析成了国内外研究的热点，并被应用于课堂教学中。本节从多模态话语分析的理论与思想入手，结合大学英语课堂互动的实际情况，提出多模态话语符号在课堂应用上的问题，并分别阐述了各种符号在英语课堂上出现的必要性及意义。

教育部高等教育司颁布的《大学英语课程教学要求》中提出大学英语课程的教学目标是"培养学生的英语综合应用能力，特别是听说能力，使他们在今后工作和社会交往中能用英语有效地进行口语和书面的信息交流。"培养学生英语的运用能力，自主学习能力与终身学习的意识与兴趣变成了英语教育者应关注的重点。多模态话语分析理论为实现这一教育目标提供了理论依据。教育者在大学英语授课过程中，不仅要关注语言系统在意义交换过程中所发挥的作用，而且还要关注声音、图像、肢体语言等其他符号系统在整个课堂交际过程中所产生的效果，从而使话语更有意义，达到更理想的学习效果。

一、多模态话语在课堂中的作用

多模态话语在大学英语课堂教学的作用可归纳为：①强化教师教学的重点、难点，有助于学习者对重要内容进行记忆；②易于营造课堂和谐的气氛，增强学生的学习兴趣；③加强师生、学生之间的互动，提高学生的综合能力；④有助于培养学生的学习策略，为学生课外学习提供指导。使用多模态会为英语课堂注入新鲜活力，对大学英语教学有积极的作用。但多模态资源使用如果不适当，不仅达不到理想的教学效果，而且还会让学生感到无所适从，比如有的英语教师在授课中过分依赖 ppt 课件，整堂课都在围绕 ppt 进行讲解，使课堂变成了多媒体式填鸭式教学，让课堂气氛变得沉闷，师生之间没有互动，使教师无法准确了解学生学习的动态。所以，只有在以学生综合能力提升为教学目标的前提下，按照科学的教学方案设计出的多模态话语使用才会令外语教学效果事半功倍。

二、多模态话语在大学英语课堂教学的应用

（一）听觉模态符号

英语的教学目标是提高学生交际能力，而交际是要通过人的发生器官发生能使听觉系统识别的听觉模态符号。听觉模态符号主要包括：（1）口语语言符号：口语语言符号包括教师与学生的口语，教师通过控制其声调、语速、语调掌握英语课堂的节奏，通过加强音量与运用停顿进行强调或吸引学生注意力，教师在适当的时间进行了语言的赞扬、引导会

激发学生的兴趣,帮助学生达到预期目标,学生也可在课堂上进行英语韵律的练习。(2)音乐符号:为了让课堂的气氛更活跃,口语课上教师可以播放音乐让学生从歌曲中学习到一些英语表达方式,教师可以播放背景音乐来调节气氛帮助学生放松心情。(3)其他音乐符号:课件中的特制音效可以帮助学生进入预设场景,也可以增加一些特别声音,吸引学生的注意力。

(二)视觉模态符号

视觉模态在课堂上的重要性仅次于听觉模态。视觉模态与听觉模态的互补是大学英语课堂的基本配备,令课堂氛围更活跃。(1)ppt 使用:现代大学英语课堂上 ppt 的广泛使用使课堂信息量增大,图片与文字的巧妙配合,加深学生对信息点的印象,比如讲到灾难时,各种灾难的图片与英语单词相配合,更易加深学生的印象,教师也可以通过灾难的新闻报道进行主题的切入;讲到食物主题时,各种美食的图片与菜名、口味的英语描述相配合,提高学生的学习兴趣。但制作 ppt 时,也要注意几个问题:①不要出现过多的文字信息,会让学生觉得乏味;②不要出现过多花哨的图案,与课堂内容信息无关的图案或动态图会分散学生的注意力,让重点模糊;③注意制作时素材背景、字体大小与颜色、空间布局,不合理的设置会让学生看不清影响听课效果。(2)板书配合:过多的 ppt 使用让有的英语课堂上出现了"零"板书的现象,对于重点内容的强调,有时板书比在 ppt 加重点更让学生感到新鲜,让学生更容易记忆,尤其对于关系图,一边解释一边勾画,学生反映非常好。(3)身体语言运用:教师的目光、表情、身体语言等都帮助学生对课堂信息地吸收。①目光:学生发言时,肯定的眼神接触会对学生有所鼓励;②表情:通常微笑的表情会让学生感到轻松,令课堂气氛变和谐,学生发言时,教师的微笑也会给予学生继续的勇气,适当的严肃也让学生意识到重点;③手势与姿势:有的教师在讲话时手会做一些无意义的手势,但有的图式性和指示性手势会帮助学生理解课堂内容,比如教师讲到"We'll divide this part into five parts."后做出"5"的手势;辩论比赛中,教师会指引应发言一方;在讲"优雅的手"课时,许多护理动作,教师讲解时如能用手势做示范会令学生的理解事半功倍。除手势之外,教师也要注意身形,带有自信、笔直的身形也会带给学生积极的影响。(4)环境应用:大学教师也要注意座位布局、教室布置等,营造温馨和谐的课堂氛围,尤其是小班授课的教室。在我校的小班辅导教室中,教师曾鼓励每组做主题海报,学生一方面在做海报过程中,自主学习获取与主题相关的信息;另一方面,在环绕海报尤其是有自己制作的海报的教室中,确定让学生迅速进入英语状态,同时,也是一种分享,课间学生也可以欣赏其他组的海报。欧美课堂上采用一人一桌的活动桌椅也便于各种课堂活动。

(三)触觉模态符号

触觉可分为肤觉和运动觉。在课堂上学生的所有活动包括写笔记,举手发言,进行表演和教师的配合练习都属于触觉模态范畴。教师可以利用触觉模态让学生提高注意力,在口语课堂上,教师可以给学生场景,让学生自编自演小话剧,或进行电影精彩片段重现;

让学生跟着自己打拍子来练习句子节奏,让学生撕句子纸条加深意群的掌握。另外,教师也可利用问题教学法与学生多互动,让学生不断进行记录和准备,鼓励学生记录重点内容,加大学生触觉感受,提高学生专注力;增加游戏内容,激发学生学习热情。

(四)其他模态符号

嗅觉模态、味觉模态这两个模态符号使用频率较少,只有和其主题相关才会运用,比如在美味主题的小班口语课,学生互相交换提前准备好的零食,要用英语描述吃到美食的味道、感受和之前吃过哪类相似的食物。随着英语教学改革的发展,相信这两种模态符号会更多地出现在大学英语课堂中。

在多媒体不断发展和慕课大规模推行的今天,如何在多模态话语分析的理论引导下,让各种模态互补配合来充分调动课堂上学生们的热情,全面启动学生多种感官,大幅度提升学生英语综合能力,是教师面临的挑战,也是我们未来大学英语教学之路上的奋斗目标。

第五节　多模态话语分析在 MOOCs 英语课程中的应用

网络技术的普及与应用让 MOOCs 的产生与发展成为可能。英语课程作为慕课的有机构成部分,其发展需要寻找适合自身特点的模式。本节从多模态话语分析的角度对慕课中英语课程的教学模式、教学内容和发展模式方面进行研究,以期对慕课中英语课程的发展提供意见。

随着大数据时代的来临和科学技术的广泛应用,近年来 MOOCs 在国际教育界的兴起,中国高校也趁势而起,积极参与其中,大力建设、发展慕课平台。慕课在中国的发展受诸多因素的影响和制约,而本节将从多模态话语分析角度对慕课英语课程的内容、教学模式及发展模式进行分析研究,以期对中国的慕课英语课程发展提供借鉴与建议。

一、多模态话语分析及 MOOCs

自二十世纪五十年代美国语言学家 Harris 创立话语分析这一研究方向以来,研究学者们的研究重点一直放在语言本身,而忽视其他意义表现形式,这导致话语分析的发展次存在明显的局限性。多模态话语分析(Multimodal discourse analysis)兴起于二十世纪九十年代,它的出现正填补了这一空白,让话语分析的体系更为完善、全面。

模态是指人类通过感官(如触觉、视觉、味觉、听觉等)跟外部环境(如交际对象、器械、动物等)之间的互动方式(Kress,G.&T.van Leeuwen:2001)。有以下几种交际模态:视觉模态(Visual Modality)、味觉模态(Gustatory Modality)、嗅觉模态(Olfactory Modality)、触觉模态(tactile Modality)和听觉模态(Auditive Modality)。单独运用其中一种成为"单模态",运用两种或两种以上交际模态被称为"多模态"。

系统功能语言学为多模态话语研究提供了理论基础。多模态话语分析研究从最早的R.Barthes 在图像与语言的相互作用方面的研究；Kress，G&Leeuwen，T 研究的媒体与模态之间的联系；O'Halloran，K.L. 对于多模态理论建构的研究分析及多模态在数学语篇中表现；到 Royce，T 研究在多模态话语下不同符号的互补性及多模态在二语课教学中的相互作用、相互促进。

21 世纪初国内专家学者开始关注多模态话语分析理论，并对此方面进行了相关研究，取得了一定的成果。从李战子、朱永生到胡壮麟、张德禄对多模态话语分析的各方面进行了深入研究分析，对二语教学提供了理论和实践的指导。

随着大数据时代的到来和网络的广泛普及，MOOCs 方兴未艾。MOOCs 即慕课，全称为 Massive Open Online Courses——大规模在线开放课程是以互联网为平台。由世界各国名校提供优质课程，免费提供给在线学习者进行学习，对可以进行课程学习的在线学习者的门槛较低，为更多的学习者提供了更多的学习机会。国外专家学者对于慕课的研究与分析已形成一定的规模，得出了一系列的成果。建立了相对完善的多个慕课平台，在线学习者众多，取得了不错的成效；与此同时，反观中国慕课的发展则相对滞后，尽管中国知名高校相继加入了 MOOCs 三大平台，并着手建立中国的慕课平台，但是仍有诸多阻力因素制约其发展，如：课程学习者知识水平层次不齐；课程完成率偏低；教学质量的有效实现以及慕课的可持续发展问题等。因此怎样使慕课行之有效是当前亟需解决的问题。本节将对慕课体系中的英语课程内容从多模态话语角度进行分析，以期对慕课英语课程在中国的发展和推广起到积极的推动和借鉴作用。

二、多模态话语分析在 MOOCs 英语课程中的应用

MOOCs 本身就是多模态教学模式的反映与实践。慕课课程改变了传统的教育观念和授课模式，让更多的学习者有更多的机会平等地接受他们所感兴趣的知识传授。而多模态话语分析为 MOOCs 英语课程的发展提供了方法。

（一）多模态话语分析在慕课英语教学模式中的应用

慕课平台中的课程都是优质的课程资源，课程教学模式不再是由老师主导的单一课堂传授，而转换为以网络为教学平台，课程全过程均在网络上进行、完成，其中包括课程的讲授，师生互动及生生互动、教师答疑及课程评价等，真正实现了教师为主导，学生为中心的教学理念，实现教学模式多模态化。学习者在在线学习的过程中需要运用其视觉模态及听觉模态，即通过观看慕课教学视频，学习相关理论知识。听觉模态包含学习者对教师英文传授教学内容的听取，教师播放的相关英语音频、英文音乐或英语电影电视剧或 YouTube 视频等中相关内容的获取；视觉模态包括教师的面部表情，肢体语言，教学 PPT，板书等表达形式所传达的内容。由于慕课课程的教学模式的特点——网络授课、课程时间短、在线学习者约束限制少等，因而学习者能够自由的选择学习课程的时间，地点

和方式，更大程度地提高了学习者学习的积极性与主动性，加大学习者的参与度。同时教学过程中的互动环节十分丰富，包括课上与课下，使学习者充分参与到课程中，提高其自我效能感、荣誉感，进而强化其学习的效果。而慕课中对于教学的反馈环节即——教学评价加大了学习者参与度与使命感，让学习者的主导地位得到了充分的体现，也使教师能更直观、快速得得到反馈，以教促学。同时由于在线学习者的数量众多，教师能更全面地了解慕课课程教学的内容及模式的局限性，快速收集总结学习者的意见建议，因此促进课程的可持续发展。

（二）多模态话语分析在慕课英语教学内容中的应用

慕课的英语课程教学内容与传统的教学内容区别巨大。首先，教师要摆脱传统的教育理念，转变角色，对教学内容的选取要适应慕课课程的特色，突破传统，尽量采取新的、具有典型性的教学内容，并且采用不同的展现方式呈现给学习者，如：图片、音频、视频等，让学习者接触多模态的教学内容，提升学习兴趣，对其感官进行不同程度的多方面的刺激，使其对教学内容做出"反应"，促进其对学习内容的内化。Practice makes perfect. 在学生闯关赢取听课权的环节，调动学生使用英语进行交际、表演或者辩论，让学生将二语习得中的大量输入内容进行充分运用，让其在运用二语的过程中不断发现自身问题，不断进行自我调整，实现知识的内化。在慕课课程的教学内容是多模态的，不仅包括相关课程的理论知识，同时笔者认为也包括师生互动和生生互动的内容。由于慕课课程的特殊性，学习者对学习内容有疑问时可以实时在线提问，在不影响听课的同时，会快速地得到老师或其他同学的答疑，因此学习者不会有任何的顾虑，可以得到多模态的解答，使学习过程中的疑问快速有效地得到解答。同时在与老师及其他学习者的讨论过程中加深对学习内容的理解，使知识的内化过程变成一个主动的过程，逐渐形成主动内化知识的意识，同时这种探讨型的学习模式会极大提升知识内化的转换量。

（三）多模态话语在慕课英语课程发展模式的应用

我国的慕课起步较晚，还未形成成熟的发展模式与框架，因此慕课英语课程在中国的发展就要运用多模态的方式。一方面，国内知名学府要积极与三大慕课平台紧密合作，让中国的优质英语课程资源走出国门，让国内外的在线学习者能够学习中国的高水平的课程，体验中国文化的独特魅力。同时也让国内的英语教师能学习到国内外先进的教学内容、教学理念及教学模式。另一方面，中国高校也要积极构建我国的慕课平台，整合英语课程教学资源，提升教学技术，体现中国特色，加强校际合作，让慕课在中国的发展多模态化、可持续化。

MOOCs近年来发展势头迅猛，对世界教育的发展提供了新的途径，慕课中英语课程的发展也亟须寻找符合自身特色的模式。多模态话语分析为其提供的明确的方向。让慕课中的英语课程走出一条属于自己的路，形成自身特色，并持续、健康地发展。

第六节　多模态话语理论在口译教学中的应用

多模态话语分析理论为多媒体网络环境下的口译教学改革提供了新的思路。在口译教学过程中丰富的多模态话语符号通过相互协同、强化、补充、调节，共同实现话语意义；基于有效原则和适配原则，根据多模态话语系统的特点，选择和设计口译教学模态；同时在多模态话语理论指导下，构建教师、学生、多媒体网络、教学内容等教学四素全方位、多元化的立体互动教学系统，从而提高口译教学效果。

多模态话语分析理论在教学中的应用是欧美国家近十几年来的热门研究课题，但在国内，多模态话语的研究仍处于起步阶段。多模态话语是指运用人体的多种感官功能，如用耳朵听（听觉）、用眼睛看（视觉）、用手摸（触觉）、用鼻子闻（嗅觉）、用舌头尝（味觉）等，通过语言、声音、图像、动作等多种手段和符号资源进行交际的现象。口译教学涉及听、说、视、写、译等各方面的能力与技巧培养，整个教学过程构成一个多模态话语相互交织的符号空间，教师、学生、教学内容、多媒体网络之间通过多种符号资源进行交际互动，创造多模态化的语篇，如视觉化、文字化、口头化、表演化、声音化及动作化的语篇，实现有效地教和学。

一、多模态话语分析理论发展及框架

多模态话语理论研究兴起于 20 世纪 90 年代的西方国家，到了 21 世纪，多模态话语以及多模态教学法的研究日益深入。2000 年，Stein 提出多模态教学法，认为课堂上所有的交际活动都是多模态的；2001 年，Kress G & van Leeuwen T 出版的《多模态话语：当代交流的模式和媒体》探讨了多模态话语如何在交流中规则地表达意义；2002 年，Royce T 发表了《对外英语教学课堂中的多模态：视觉与口语的协同》一文，提出多模态教学法，并探讨了多模态在英语课堂教学中的协同性。

国内相关研究起步稍晚，但越来越多的研究者开始关注多模态话语理论及其在教学活动应用的研究。2003 年，李战子在《多模式话语的社会符号学分析》一文中对多模态话语理论进行了研究；2007 年，胡壮麟发表了《社会符号学研究中的多模态化》，该文侧重探讨了社会符号学中的多媒体符号学和多模态符号学以及它们之间的区别；同年，朱永生发表了《多模态话语分析的理论基础与研究方法》；2009 年，张德禄以 Halliday 的系统功能语言学理论为基础，提出了多模态话语综合分析的理论框架，并探讨了多媒体话语理论及现代媒体技术在外语课堂教学中的应用；2010 年，张德禄在《多模态外语教学的设计与模态调用初探》一文中深入探讨了教学中多模态的选择和设计原则，以及在课堂教学中多模态之间的关系。

张德禄提出的多模态话语综合分析框架分为4个层面：文化层面、情景层面、内容层面和媒体层面。相对于传统话语分析理论，多模态话语分析主要从作为实现方式的内容层面和作为表达层面的媒体层面扩大了研究范围，文章将主要从这两个层面来对口译教学中的多模态话语进行分析、选择和设计。

二、口译教学中的多模态话语符号

随着科技的迅速发展，现代教学充分利用以现代信息技术为基础的多媒体网络，实现多模态的教学活动。在口译教学过程中，教师和学生的口头话语、教材中的书面语是纯语言媒体，教师话语的口气、音响度、声调、语调、音速、节奏、重读、视频、音频等是伴语言媒体，师生的着装、身势、表情、动作以及教室布置、黑板的板书、PPT课件、图画、动画等则属于非语言类媒体，以上所有要素构成了各种模态符号，也就是话语的表现形式。这些模态话语符号共同组成了一个完整意义的教学过程，实现话语意义。

在口译教学过程中，听觉模态符号是最丰富的，其次是视觉模态符号，其他感知系统，如嗅觉、触觉、味觉等模态的运用频率则相对较低。（1）听觉模态是主模态，口译教学主要以口头交际为主，因此，语言媒体中的口语媒体出现的频率要远远高于书面语媒体。听觉模态符号包括练习过程中教师的源语言，学生翻译的目标语言，教师的点评讲授元口语等语言符号，以及多媒体播放的对话音频、音乐、模拟场景等声音符号。（2）在现代化技术的背景下，视觉模态符号也比较丰富，包括由黑板或PPT呈现的书面语言符号，图片及视频等图像符号，教师的着装、表情、手势、走路等肢体语言符号，讲桌座位布置等课堂布局，其他同学的活动表现等。视觉模态总体来说，对听觉模态起到辅助和强化的作用。（3）其他模态如触觉、嗅觉、味觉等的运用频率相对较低，只有在特定的环境中才得到运用。如在课堂或课外实训过程中，学生在虚拟课堂、模拟情境中做训练，或在展会、市场、企业等真实情境中做口译训练时，所有的听觉、视觉、触觉、嗅觉、味觉等模态都会得到调用。

三、口译教学中多模态的选择与设计

张德禄根据外语教学的特点，提出了5个教学目标类型，即教材权威型、知识获取型、技能训练型、经历体验型和资源发展型。口译是一种综合运用视、听、说、写、读技能的语言操作活动，口译教学的主要目标是通过翻译实践训练和翻译体验，提高学生的听说技能，促进双语思维能力发展，增进其语言综合表达能力。

围绕口译课程所侧重的技能训练型、经历体验型和资源发展型教学目标，口译教学必须充分利用现代科学技术，运用多模态话语系统的特点，选择最佳的教学模态，营造训练型、体验型、发展型的教学课堂。教学模态的选择应充分考虑3个基本因素：话语范围（教学内容的深度、难度）、话语基调（学生、教师的基本特点及他们的关系）及话语方式（教学条件、场所、设备等）。近年来的口译教学呈现以下新特点：（1）内容丰富化，翻译的内容覆盖政治、经济、旅游、建筑、艺术、广告、法律等领域；（2）形式多元化，谈判、会议、观光、演讲、陪同等；（3）工具网络化，从纸质字典延伸为电脑、手机等网络工具；（4）语言变体化，接触的翻译对象从英语母语国家人群向带有母语口音的世界人群扩展。

在选择和设计口译教学模态时，除要充分考虑以上因素及特点外，还应把握有效原则和适配原则。

有效原则是指选用的多种模态都要以实现最好的教学效果为前提，尽量避免负效应。多模态交际可以使受话人通过多通道获得信息，比单模态话语更容易使受话者理解。因此，在口译教学中，充分合理地利用现代化工具和多媒体技术实现多模态话语教学能更有效地提高教学效果。例如，在做速记训练时，播放从电视节目或电影中截取的录音或视频相比较教师课堂朗读原文更能吸引学生兴趣，播放录音的同时，教师可以与学生一起完成速记演示，连续调动学生的听觉模态和视觉模态，使学生能更快地掌握速记技巧，提高各模态的有效性。

适配原则是指不同模态之间的相互配合使之成为最佳搭配。各模态之间的关系主要有强化关系、协调关系、补充关系等。强化关系是指在进行多模态设计时，以其中一种模态为主模态，其他模态对主模态所传递的意义进行强化。一般情况下，口译课堂主要通过视觉模态对听觉模态进行强化，加深学生印象，提高教学效率。例如，口译记忆训练的其中一个环节是信息视觉化和现实化训练，即训练学生将所听到的信息内容通过现实化、形象化的方法在脑海里勾画出一个贴近生活的画面，以此增加记忆的信息量，然后再通过自己的方式描述出来。教师可以在训练过程中将翻译原文的画面或视频在适当的时候播出，或鼓励学生在黑板或是手稿上画出原文的想象画面，通过调动视觉模态来强化听觉模态，验证视觉化训练的成效。

协调关系是指多种模态之间或模态内部的关系要相互协调，避免相互抑制，避免喧宾夺主，产生负效应。例如在进行演讲口译训练时，教师选择了网络热门的美国第一夫人米歇尔为奥巴马连任拉选票的演讲，该演讲现场气氛热烈、有较多的观众镜头。为吸引学生对该演讲的兴趣，教师将该视频完整地播放了一遍，但在随后的训练过程中，则关掉了视频，只留下音频，使学生能集中精神调动听觉模态，避免视觉模态对听觉模态产生干扰。因此，在模态选择过程中，教师应重视各模态之间的协调关系，才能使教学效果达到最佳状态。

补充关系是指选择其他模态来弥补听觉模态所完成不了的信息传递。例如，在进行展会客商陪同口译的模拟训练中，因学生对展会的场景以及专业产品性能不熟悉，教师可以提供一些产品实物作为道具，或展示产品图片，或播放产品功能视频，或设置展会图片做场景，调动学生的视觉、触觉等模态对听觉单模态进行具体信息补充，使学生充分、全面地了解产品信息，身临其境，调动学生地参与性。另外，口译教学中模态的选择和设计要遵循以学生为主体的原则，在把握好多模态关系的基础上，让学生成为课堂多模态的主导者。

四、多模态口译教学中的立体互动

口译是一个复杂的语言模块转换过程,需要调动译员的眼、耳、手、脑等器官的共同运作。因此,在口译教学过程中,要重视图、音、影、像结合的多媒体现代化教学手段,充分利用多模态话语形式传递信息,营造多模态口译教学课堂。同时,多模态教学也有利于将教师、学生、多媒体(网络)、教学内容这4个现代教学系统要素构建全方位、多元化的立体互动教学系统,即以教师为主导,以学生为主体,以教学内容为中心,以多媒体网络为手段的教学模式。

师生互动是教学过程中最基本、常见的互动形式。以训练型为教学目的的口译教学要求师生相互协作共同完成任务,因此,师生互动的程度更高。例如,在口译训练中,最常见的是角色扮演的合作,教师扮演演讲者,学生扮演口译者。除了在课堂上,课外实践以及课后的师生交流也应该得到重视。教师通过网络向学生发布课后翻译任务,对学生进行翻译实践指导。

生生互动是重点,但也是最容易被忽视的互动模式。生生互动是优化教学方法的重要体现。口译教学重视学生的训练过程,不仅是师生协作训练,更重要的是学生和学生之间的合作训练。翻译小组的学生通过组成团队共享资源、发挥优势分工合作,共同参与教学活动中。在课外实践和课后训练中,学生也可以通过网络平台实现互动,共同完成相关任务。

教师与教学内容之间的互动不仅仅停留在针对教材内容的文字备课中,因而多模态的口译教学要求教师在教材的基础上更新教学内容,补充具有影、音、图等多媒体网络资源,设计多模态的教学活动。翻译永远都没有统一标准答案,口译则更是如此。在教学过程中,教师应随时根据学生对教学内容的反馈进行点评讲解,带有很强的随机性,这就要求教师必须要有扎实的口译功底,同时对设计的教学内容有全方位的驾驭控制能力,并能不断根据社会发展更新教学内容。在此基础上,教师还应从学生角度出发,将作为教学内容的网络资源进行合理得多模态教学活动设计。例如教师可以将自己在下企业锻炼期间所参与的企业介绍、客户接待、商务谈判等口译资料(在征得企业同意的前提下)作为教学内容与学生进行探究性学习,一方面,教师自身对这些口译资料有实际经验积累,有较强的掌控能力;另一方面,该材料涉及本地知名企业,比较贴近学生生活,能吸引学生关注度和兴趣。

学生与学习内容之间的互动是学生有效学习的体现。无论是师生互动、生生互动,或是教学主体和客体间的互动,全都围绕着学习内容进行。学生参与学习内容的程度是教学效果的直接体现。口译教学最重要的学习内容是口译的基础理论、技巧,以及在训练积累中逐渐提高的口译技能,因此,口译训练是口译课的主要教学内容。学生参与口译训练就实现了学生与学习内容之间的互动,参与程度越高,学生接受学习内容的程度也就越深,技能的提高也就越明显。

教师与多媒体网络的互动贯穿整个教学过程。备课过程中，需要利用多媒体制作课件，收集网络资源，设计教学活动；教学过程中，教师通过控制多媒体设备将教学内容进行展示，营造多模态教学氛围，指导学生和多媒体协同进行口译训练；实践训练和课后练习过程中通过多媒体分享教学资源与学生互动。教师通过与多媒体网络的互动，可以充分调动学生的多模态认知，实现口译教学的实用性、有效性和趣味性，促进师生互动、生生互动。

　　学生与多媒体网络的互动是多模态口译教学的重点。口译教学要充分利用多媒体网络，采用全新的教学设计理——现代立体式、多模态的口译教学应用模态，即鼓励学生利用多媒体进行立体式口译训练是提高教学效果的有效手段。学生可与计算机软件模拟的现实情景进行互动，完成训练任务；可以在多媒体教室、翻译实训室、同声传译室等借助翻译软件进行集体口译训练；可以通过网络与来自世界各地的外国人远程进行模拟现场口译训练，有助于提高学习者对语言变体的适应性；课后可以通过网络远程获取教学资源进行口译训练，从而也可以在多媒体自习室调取学生机上的教学软件进行个性化训练。

　　口译的教学理念侧重训练型、体验型、发展型，强调语言技能培养。在现代化科学技术发展的背景下，充分利用多媒体网络技术，将多模态话语理论应用于口译教学，选择设计合理的多模态话语意义表达方式，进一步提高教学效果。本节探讨了多模态话语理论在口译教学中的应用，以期吸引更多口译教师对多模态口译教学模式进行研究探讨。

参考文献

[1] 蔡宝来,张诗雅,杨伊.MOOC与翻转课堂:概念、基本特征及设计策略[J].教育研究,2015,36(11):82-90.

[2] 哈格德.MOOC正在成熟[J].王保华,何欣蕾,译.教育研究,2014,35(5):92-99,112.

[3] 吴春梅.试析互动模式在高中英语教学中的应用[J].中学课程辅导(教学研究),2013,7(26):97.

[4] 左滢.ACTIVE教学模式在高中英语读写结合课中的实践研究——以Schoollife教学为例[J].英语教师,2017,17(4):141-143+154.

[5] 刘小琴.应用型本科大学"英语语言学"教学存在的问题与对策[J].英语教师,2018,18(7):56-58.

[6] 杜开群.关于大学英语语言学教学问题及对策分析[J].山东农业工程学院学报,2017,34(2):5-6.

[7] 郑雨.大学英语教学中模糊语言学的语用意义分析[J].西部素质教育,2015,1(6):46.

[8] 黄琼慧.商务英语语言学的理论体系研究[J].开封教育学院学报,2016,36(2):68-69.

[9] 翁凤翔.商务英语学科理论体系架构思考[J].中国外语,2009,6(4):12-17+30.

[10] 杨雪.浅谈英语教学中应用语言学的有效应用[J].教育现代化,2018,5(11):185-186.

[11] 张丽莹,于江.论《他们眼望上苍》中赫斯顿的"协合"[J].湖南医科大学学报(社会科学版),2008,10(6):141-144.

[12] 任丽霞,吕桂凤.翻转课堂在大学英语教学中的应用[J].吉林医药学院学报,2020,41(1):75-76.

[13] 郭巧棉.浅析皮革商贸英语翻译问题及翻译策略——评《国际商务合同的文体与翻译》[J].皮革科学与工程,2020,30(1):51.

[14] 王慧.基于职业岗位导向的高职英语教学改革研究[J].轻纺工业与技术,2020,49(1):183-184.

[15] 李筱洁.基于SPOC与翻转课堂的大学英语教学实践问题与对策分析[J].内江师

范学院学报，2020，35(1)：84-88.

[16] 曲通馥."雨课堂＋对分课堂"教学模式在大学英语写作教学中的实证研究[J]. 内江师范学院学报，2020，35(1)：89-94.

[17] 张红玲. 跨文化外语教学[M]. 上海：上海外语教育出版社，2007.

[18] 吴为善，严慧仙. 跨文化交际概论[M]. 北京：商务印书馆，2008.

[19] 姚丽，姚烨. 英汉文化差异下的英语教学探究[M]. 北京：中国书籍出版社，2014.

[20] 王佐良. 翻译：思考与试笔[M]. 北京：外语教学与研究出版社，1989.

[21] 高等学校外语专业教学指导委员会英语组. 高等学校英语专业英语教学大纲[M]. 上海：上海外语教育出版社，2000.

[22] 徐国庆. 职业教育项目课程设计指南[M]. 上海：华东师范大学出版社，2013：19-28.

[23] Cetra Fernando. 习语与习语特征[M]. 上海：上海外语教育出版社，2000.

[24] 邓炎昌，刘润清. 语言与文化[M]. 北京：外语教学与研究出版社，1999.

[25] 杜学增. 中英文化习俗比较[M]. 北京：外语教学与研究出版社，1999.